HISTORICIDADE
E OBJETIVIDADE

Comitê Científico

Ary Baddini Tavares
Andrés Falcone
Alessandro Octaviani
Daniel Arruda Nascimento
Eduardo Saad-Diniz
Isabel Lousada
Jorge Miranda de Almeida
Marcia Tiburi
Marcelo Martins Bueno
Miguel Polaino-Orts
Maurício Cardoso
Maria J. Binetti
Michelle Vasconcelos de Oliveira Nascimento
Paulo Roberto Monteiro Araújo
Patricio Sabadini
Rodrigo Santos de Oliveira
Sandra Caponi
Sandro Luiz Bazzanella
Tiago Santos Almeida
Saly Wellausen

Lorraine Daston

HISTORICIDADE E OBJETIVIDADE

Organização
Tiago Santos Almeida

Tradução:
Derley Menezes Alves
Francine Iegelski

1ª edição

LiberArs
São Paulo – 2017

Historicidade e Objetividade

© 2017, Editora LiberArs Ltda.

Direitos de edição reservados à
Editora LiberArs Ltda

ISBN 978-85-9459-060-2

Editores
Fransmar Costa Lima
Lauro Fabiano de Souza Carvalho

Coleção Epistemologia Histórica
Coordenação acadêmica: Tiago Santos Almeida

Revisão técnica
Cesar Lima

Revisão da tradução
Francine Iegelski; Tiago Santos Almeida

Editoração e capa
Editora LiberArs

Dados Internacionais de Catalogação na Publicação – CIP

D256h	Daston, Lorraine
	Historicidade e objetividade / Lorraine Daston ; tradução de Derley Menezes Alves e Francine Iegelski (org. Tiago Santos Almeida) – São Paulo : LiberArs, 2017.
	
	ISBN 978-85-9459-060-2
	
	1. Ciências Humanas 2. História – Ciências I. Título .
	
	                                        CDD 300
	                                        CDU 30

Bibliotecária responsável: Neuza Marcelino da Silva – CRB 8/8722

Todos os direitos reservados. A reprodução, ainda que parcial, por qualquer meio, das páginas que compõem este livro, para uso não individual, mesmo para fins didáticos, sem autorização escrita do editor, é ilícita e constitui uma contrafação danosa à cultura.
Foi feito o depósito legal.

Editora LiberArs Ltda
www.liberars.com.br
contato@liberars.com.br

SUMÁRIO

NOTA SOBRE A ORIGEM DOS TEXTOS.. 7

PREFÁCIO... 9

APRESENTAÇÃO:
HISTÓRIA DAS CIÊNCIAS,
TEORIA DA HISTÓRIA, HISTÓRIA INTELECTUAL
(*Tiago Santos Almeida e Francine Iegelski*).. 11

OBJETIVIDADE E A FUGA DA PERSPECTIVA.. 15

A ECONOMIA MORAL DA CIÊNCIA... 37

UMA HISTÓRIA DA OBJETIVIDADE CIENTÍFICA................................ 69

O QUE PODE SER UM OBJETO CIENTÍFICO?
REFLEXÕES SOBRE MONSTROS E METEOROS.................................... 79

SOBRE A OBSERVAÇÃO CIENTÍFICA... 91

SCIENCE STUDIES E HISTÓRIA DA CIÊNCIA..................................... 109

OBJETIVIDADE E IMPARCIALIDADE:
VIRTUDES EPISTÊMICAS NAS HUMANIDADES................................ 127

NOTA SOBRE A ORIGEM DOS TEXTOS

Nossos agradecimentos aos editores da *University of Chicago Press*, das *Éditions de l'EHESS*, do *Bulletin of the American Academy of Arts and Sciences*, da *Amsterdam University Press* e dos periódicos *Isis, Osiris, Cahiers des Annales, Social Studies of Science* e *Critical Inquiry*, que autorizaram a tradução e a publicação dos seguintes textos:

"Objectivity and the Escape from Perspective". In: *Social Studies of Science*, vol. 22, n°. 4, nov. 1992, pp. 597-618.

"The Moral Economy of Science". In: *Osiris*, vol. 10, "Constructing Knowledge in the History of Science", 1995, pp. 2-24.

"Une histoire de l'objectivité scientifique". In: Roger Guesnerie; François Hartog (eds.), *Cahiers des Annales*, vol. 45, "Des sciences et des techniques: un débat". Paris: Éditions de l'École des Hautes Études en Sciences Sociales, 1998, pp. 115–126.

"What Can Be a Scientific Object? Reflections on Monsters and Meteors". In: *Bulletin of the American Academy of Arts and Sciences*, vol. 52, n°. 2, nov. - dez., 1998, pp. 35-50.

"On Scientific Observation". In: *Isis*, vol. 99, n° 1, mar. 2008, pp. 97-110.

"Science Studies and the History of Science". In: *Critical Inquiry*, James Chandler; Arnold I. Davidson (eds.), vol. 35, n° 4, "The Fate of Disciplines", 2009, pp. 798-813.

"Objectivity and Impartiality: Epistemic Virtues in the Humanities". In: R. Bod; J. Maat; T. Weststeijn (eds.), *The making of the humanities. Vol. 3: The modern humanities*. Amsterdã: Amsterdam University Press, 2014, pp. 27-41.

PREFÁCIO*

Ter um trabalho acadêmico traduzido para outra língua é tanto uma honra quanto um desafio. É uma honra porque traduções são o testemunho mais sincero de que as publicações ressoam em outras tradições intelectuais, não apenas na do próprio autor. É um desafio porque traduções são o teste mais severo pelo qual as ideias podem passar. Elas vão sobreviver ao ser repensadas em outra língua, no contexto de outros conceitos e associações? Finalmente, toda tradução é uma aposta, especialmente se sua audiência principal forem os estudantes: os novos leitores acharão o trabalho bom para pensar com seus próprios projetos? Eu sou extremamente grata a Tiago Almeida e a todos aqueles envolvidos nessa tradução pela honra que eles fizeram repousar sobre meu trabalho, pela sua confiança de que ele seria forte o suficiente para enfrentar o desafio da tradução e pela sua bravura em fazer a aposta de que esses artigos falariam aos leitores brasileiros.

Sua escolha de artigos para essa coletânea é, para mim, uma oportunidade de olhar para meu próprio trabalho anterior a partir de uma nova perspectiva. Esses artigos foram escritos em diferentes épocas e lugares, para diferentes ocasiões, e eu não teria pensado em agrupá-los. Alguns deles, aqueles sobre a história da objetividade, representam diferentes estágios do meu pensamento sobre o assunto, e nem todos correspondem às conclusões finais que Peter Galison e eu alcançamos em nosso livro *Objectivity* (Nova Iorque: Zone Books, 2007). Mas, justamente por essa razão, eu espero que os leitores vejam estes artigos como a evidência de uma mente em movimento, de uma luta para entender a história de uma ideia e das práticas – da produção de imagem aos testes estatísticos – que a ancoram em tantas disciplinas científicas atualmente.

Todos esses artigos, exceto por um (ao qual eu logo retornarei), foram escritos como tentativas de uma epistemologia histórica. Como "epistemologia histórica" tem diversos significados, em diversas línguas, devo ser clara quanto ao que eu quero dizer com isso: a história das categorias e práticas que são tão fundamentais para as ciências humanas e naturais que parecem muito

---

* Tradução de Francine Iegelski.

autoevidentes para ter uma história. Exemplos incluem a objetividade, a observação, os fatos, a quantificação. Como esse tipo de história questiona a necessidade lógica desses axiomas do modo como atualmente pensamos e agimos (quem pode imaginar ciência sem observação ou sem objetividade?), ele é frequentemente confundido com uma crítica: como se escrever a história da objetividade significasse questionar a realidade da objetividade. Mas isso é uma falácia: o fato de que ideias, práticas e valores tem histórias, de que tiveram origem em um lugar e época determinados, nada diz sobre sua validade. Para dar um exemplo de outro reino: o movimento para abolir a escravidão emergiu de contextos intelectuais, políticos e culturais específicos, mas a universalidade da compreensão de que a escravidão é moralmente errada não é enfraquecida por essa especificidade de suas origens.

O que esse tipo de história pode fazer é alargar a imaginação do possível e afiar as distinções: a objetividade nem sempre foi uma virtude epistêmica; ela não é idêntica a (e às vezes está em conflito com) outras virtudes epistêmicas, tais como verdade ou certeza. Essas histórias também nos alertam que nossas próprias categorias habituais de análise – por exemplo, a oposição entre razão e emoção – não devem ser tomadas como algo óbvio: como o artigo "A Economia Moral da Ciência" argumenta, quantificação e objetividade são formas de racionalidade tingidas com afeto.

O artigo "*Science Studies* e a História da Ciência" é um pouco desviante nesse grupo, pois ele não trata de um episódio histórico, mas do estado de duas disciplinas. Ele é uma fotografia de um momento nas relações entre *Science Studies* e História da Ciência, e não estou certa de que suas conclusões ainda se mantêm. No entanto, um ponto que se tornou ainda mais verdadeiro agora do que no momento da publicação do artigo é que tanto os *Science Studies* quanto a História da Ciência se tornaram ainda mais dominadas pelo trabalho sobre a era moderna (pouco depois de 1800) e são cada vez mais realizadas nos moldes de histórias deste ou daquele estado-nação (ciência alemã, ciência chinesa, ciência americana etc.). Na minha opinião, isso é particularmente lamentável num momento em que histórias globais do conhecimento – não apenas histórias da ciência Ocidental – estão estimulando acadêmicos de muitas disciplinas a repensar suas geografias e cronologias. Eu tenho a esperança e a confiança de que os leitores brasileiros dessa coletânea vão contribuir com esse excitante trabalho contínuo de repensar a história de como sabemos o que sabemos.

Lorraine Daston
Instituto Max Planck para a História da Ciência, Berlim
Agosto de 2017

APRESENTAÇÃO

HISTÓRIA DAS CIÊNCIAS, TEORIA DA HISTÓRIA, HISTÓRIA INTELECTUAL

Tiago Santos Almeida[*]
Francine Iegelski[**]

Lorraine Daston é uma das mais importantes e inovadoras historiadoras da atualidade, justamente num campo, a história das ciências, que ainda carrega o estigma de *provincial branch*, termo utilizado por Arnaldo Momigliano para descrever a situação de não-pertencimento pleno da história antiga ao campo histórico na primeira metade do século passado. O título deste livro, *Historicidade e Objetividade*, não indica apenas um dos principais temas das pesquisas desenvolvidas por Daston no Instituto Max Planck para a História da Ciência, em Berlim – a história dos ideais e das práticas da objetividade científica –, mas um dos problemas mais fundamentais da epistemologia e da história das ciências.

A ausência, até aqui, de traduções brasileiras dos trabalhos de Daston deixava uma lacuna considerável para um público mais amplo e interessado em acompanhar os debates mais vivos na historiografia das ciências. A tradução muito raramente marca o começo da recepção de um autor num contexto nacional diferente do seu: ela é, antes, o sinal de um efeito já sentido sobre um contexto intelectual e, nesse caso, também profissional. Dez anos atrás, Silvia Figueirôa, numa resenha do livro *Objectivity* (2007), escrito por Daston em parceria com Peter Galison, já dizia: "Sem dúvida, este livro é polêmico e dá (muito) o que pensar. Mas já nasceu como referência obrigatória para as pesquisas sérias em História, Filosofia, Sociologia ou Antropologia da ciência e da tecnologia e mereceria, em minha opinião, uma cuidadosa versão

---

[*] Pesquisador no Instituto de Estudos Avançados da Universidade de São Paulo (Grupo de Pesquisa *Khronos*: História da Ciência, Epistemologia e Medicina).
[**] Professora no Instituto de História da Universidade Federal Fluminense.

em português"[1]. Os sete textos reunidos aqui, publicados ao longo de duas décadas, não substituem a leitura dos livros de Daston, nem diminuirão o desejo de vê-los traduzidos para o português (esperamos, na verdade, que produzam o efeito contrário), mas permitem compreender o processo de formação e a consolidação de seu "programa historiográfico" para a história das ciências.

Em meados dos anos 90, Daston apresentou a "epistemologia histórica" como um programa capaz de aproveitar as contribuições e de escapar das limitações específicas das três grandes escolas de história das ciências do período: a escola filosófica, a sociológica e a histórica. Para Daston, o problema não residiria nas metodologias empregadas por cada uma daquelas escolas, mas na parcialidade das relações que elas estabeleciam entre o conhecimento e seus objetos: seja o viés preponderantemente idealista da primeira, o estruturante da segunda ou o demasiadamente preso ao particular da terceira. Assim, a sua epistemologia histórica busca se distinguir menos pela crítica dos programas historiográficos anteriores ou concorrentes que pelo tipo de questões que decide enfrentar.

A causa que suscitou as investigações de Daston foi, muitas vezes, seu espanto diante da ideia, bastante aceita e difundida, segundo a qual historicizar equivaleria a relativizar, ou pior, a invalidar. De fato, as relações entre a historicidade e a objetividade do conhecimento científico foram centrais para o desenvolvimento do "estilo epistemológico-histórico"[2], em suas diversas filiações. Aliás, aqueles que acreditam que a epistemologia histórica feita no *Max-Planck-Institut für Wissenschaftsgeschichte* não é apenas diferente, mas indiferente ou hostil àquela gestada no *Institut d'histoire des sciences et des techniques*, em Paris, podem ficar um tanto desconcertados diante das referências que Daston faz a Gaston Bachelard no artigo sobre a "economia moral das ciências", aqui publicado. Porém, enquanto um autor como Canguilhem explorou o problema da historicidade e da objetividade por meio de investigações altamente especializadas nos domínios da história das ciências da vida e da história da medicina, Daston voltou sua atenção para temas que podem ser mais facilmente compartilhados por historiadores das ciências naturais e das ciências humanas, como as condições sociais e as emoções cognitivas necessárias para o exercício de certos tipos de racionalidade.

---

[1] FIGUEIRÔA, Silvia F. de Mendonça. "Objectivity". In: *RECIIS – Revista Eletrônica de Comunicação, Informação e Inovação em Saúde*. Rio de Janeiro, v. 2, n. 2, p. 107-110, jul.-dez., 2008.

[2] Sobre essa ideia de epistemologia histórica como um "estilo", *Cf.* BRAUNSTEIN, Jean-François. "Historical Epistemology, old and new". In: SCHMIDGEN, Henning. *Epistemology and History. From Bachelard and Canguilhem to Today's History of Science*. Berlim: Max-Planck-Institut für Wissenschaftsgeschichte, 2012. - (Preprint 434).

Sua epistemologia histórica reabilita o recurso da comparação entre ciências que já não eram mais comparadas devido ao seu alto grau de especialização. Sem ignorar essa provavelmente irreversível especialização, um dos méritos da abordagem de Daston para a história das ciências é o de possibilitar um programa de trabalho comum, capaz de reunir pesquisadores vindos de diferentes áreas, interessado pelas categorias, conceitos e práticas fundamentais para a ciência moderna. O livro *Biographies of scientific objects* – organizado por Daston a partir dos textos apresentados em um simpósio sobre "o vir a ser e a morte dos objetos científicos", realizado no Instituto Max Planck para a História da Ciência, em 1994 – é um dos melhores exemplos da fecundidade desta abordagem. Entre os autores e objetos biografados, encontramos tanto Hans-Jörg Rheinberger, com seu estudo sobre as partículas citoplasmáticas enquanto objeto constituído na junção da citomorfologia, da bioquímica e da biologia molecular, quanto Marshall Sahlins e o estudo da cultura como principal objeto da antropologia.

Parece-nos que uma quantidade não-negligenciável de historiadores chegou à história das ciências por meio da teoria da história, e vice-versa. Não é difícil entender a sedução que um campo exerce sobre o outro. A história das ciências fomentou um bom número de problemas na teoria e na metodologia da história, como a relação entre ideias, discursos e contextos, ou as questões ligadas à temporalidade e à escrita da história – pensemos, por exemplo, no debordamento de certos debates para fora de seu campo original de elaboração, como internalismo *vs.* externalismo, anacronismo *vs.* história do presente e continuidade *vs.* descontinuidade, e também de certas noções, como "ruptura" e, claro, "paradigma". Num movimento de aproximação mais profunda, talvez até estrutural, a partir dos anos 80, os historiadores buscaram operar, relativamente tarde se comparado aos historiadores das ciências, uma aproximação entre epistemologia e historiografia, como se quisessem realizar uma espécie de conjunção entre os dois termos, visando, nas palavras de François Hartog, "não uma epistemologia 'dura' (muito distante), nem uma história da história 'plana' (muito internalista), mas uma abordagem atenta aos conceitos e aos contextos, às noções e às circunstâncias, sempre mais cuidadosa com suas articulações, preocupada com a cognição e com a historicização". Em resumo, Hartog continua, "algo como uma epistemologia histórica ou uma historiografia epistemológica"[3]. Vale lembrar que o texto programático "Uma história da objetividade científica", aqui publicado, no qual Daston apresentou a epistemologia histórica, foi originalmente preparado para um colóquio dirigido por Hartog, no ano de 1996.

---

[3] HARTOG, François. "La tentation de l'épistémologie?". In: *Le Débat*, n° 112. Paris: Gallimard, 2000, p. 81-82 (retomado em HARTOG, François. *Évidence de l'histoire*. Paris: Gallimard, 2005, p. 286-293).

Foi inevitável que uma pergunta viesse importunar a imaginação daqueles nossos colegas formados na conjunção entre teoria da história e história da ciência: é possível escrever a história da história como história da ciência? Caso sim, qual *tipo* de história da ciência? Verdade seja dita, sem a intenção de provocar, essas perguntas são feitas em voz alta mais frequentemente nos simpósios da SBHC que nos da ANPUH[4]... Fato é que, assim como os historiadores da astronomia, da biologia ou da medicina, os historiadores da história foram atraídos pela história intelectual. Seguindo por esse caminho, encontraram nos trabalhos de Daston um grande número de temas que poderiam ser utilizados na exploração dos diferentes correlatos da ideia de "história como ciência": a imparcialidade como virtude epistêmica dos historiadores do século XVIII; a economia moral da revolução metodológica da historiografia no século XIX; a *persona* do historiador; a biografia do tempo como objeto da história etc. Mas não resta dúvida de que a principal contribuição dos trabalhos de Lorraine Daston para os historiadores da história é a confirmação da possibilidade de uma epistemologia em ato, ou seja, não um tribunal que determinará se a história atingiu ou não a objetividade e, caso sim, quando e como, mas uma "exploração histórica das múltiplas significações e manifestações da objetividade" em história. Afinal, para citar Hartog mais uma vez, os historiadores aprenderam que "a objetividade não é separável das formas de objetivação"[5].

Quem seguir os textos dessa coletânea em ordem cronológica não ficará surpreso quando, chegando no último artigo, encontrar um chamado à intensificação dos esforços pela construção de uma "história comparada das humanidades" e de uma "epistemologia das humanidades". Os elementos para essa história e para essa epistemologia foram dispostos nos textos anteriores, e, de fato, já haviam sido notados por certos historiadores da história mais familiarizados com a obra de Lorraine Daston. No Brasil, essa aproximação ainda é um pouco tímida, com notáveis exceções, e foi muitas vezes realizada de modo indireto, por exemplo, através dos trabalhos de Herman Paul. O resultado mais visível dessa recepção parcial ou mediada é o fato de que certos objetos, digamos, historiográficos foram retidos das linhas de investigação abertas por Daston, mas não como parte de uma epistemologia histórica das ciências humanas ou de uma "historiografia epistemológica". Os historiadores interessados em promover a reintegração encontrarão nessa coletânea não apenas palavras de incentivo, mas verdadeiras contribuições.

Niterói, julho de 2017.

---

[4] Sociedade Brasileira de História da Ciência e Associação Nacional de História, respectivamente.
[5] HARTOG, "La tentation de l'épistémologie?", p. 81.

OBJETIVIDADE E A FUGA DA PERSPECTIVA*

A objetividade tem uma história?

Nosso uso da palavra "objetividade" (Francês *objectivité;* alemão *Objektivität*) é irremediavelmente mas reveladoramente confuso. Ele se refere a um só tempo a metafísica, métodos e morais. Deslizamos facilmente de sentenças acerca da "verdade objetiva" de uma afirmação científica, para aquelas acerca dos "procedimentos objetivos" que fundamentam um achado, para aquelas acerca da "conduta objetiva" que qualifica um pesquisador. O uso corrente nos permite aplicar a palavra como sinônimo aproximado do empírico (ou, mais especificamente, do factual); do conhecimento empiricamente científico, no sentido de público; da imparcialidade-até-a-auto-obliteração e do controle a sangue-frio das emoções; do racional, no sentido de assentimento compulsório de todas as mentes racionais, estejam alojadas em humanos, marcianos ou corpos angelicais; e para o "realmente real", isto é, objetos eles mesmos independentes de todas as mentes exceto, talvez, a mente de Deus. Nessas camadas espessas de significados estranhamente combinados – não é autoevidente, por exemplo, o que a repressão das emoções tem a ver com o fundamento ontológico – nosso conceito de objetividade revela sinais de uma história complicada e contingente, muito parecidos com o que as camadas de cerâmica, ruínas de mármore e carros enferrujados dão a conhecer em um sítio arqueológico.

Este artigo foi pensado como uma modesta contribuição para esta ainda nascente história. Na medida em que a objetividade tem sido recentemente tematizada pelos *science studies*, são questões de existência e legitimidade que têm preocupado os debatedores, ao invés das questões históricas. Nem a questão de saber se a objetividade existe ou não (e se existe, quais disciplinas a tem), nem a questão que busca saber se ela é uma coisa boa ou má (tema de

---

* Tradução de Derley Menezes Alves. Originalmente publicado como: "Objectivity and the Escape from Perspective". In: *Social Studies of Science*, vol. 22, n°. 4, nov. 1992, pp. 597-618.

alguma literatura feminista recente)[1], serão meu foco aqui. Todos os lados destes vários debates assumiram amplamente que a objetividade é e sempre foi um conceito monolítico imutável, pelo menos desde o século XVII. Tal pressuposto é tão penetrante e aparentemente persuasivo que raramente é sequer enunciado. As poucas obras que mencionam objetividade e história na mesma frase examinam como várias ciências – mecânica, óptica, química, biologia – sucessivamente cruzaram a entrada da objetividade em junções históricas específicas, mas a implicação aqui é que a objetividade não tem ela mesma uma história.[2] Entre os filósofos, aqueles que escreveram analiticamente sobre a objetividade reconhecem (ou exemplificam) as várias lacunas conceituais que dividem seus vários significados, mas todos, não obstante, tratam-na como um dado trans-histórico.[3] Poucos destes estudos recentes, mesmo aqueles mais diretamente preocupados com a objetividade nas ciências ou com o contexto histórico no qual a objetividade supostamente emergiu de uma vez por todas, entretêm seriamente a hipótese de que a objetividade possa ter uma história em andamento intimamente ligada com a história das práticas e dos ideais científicos. Na medida em que a objetividade tem uma história para estas autoras, sejam elas progressistas ultrapassadas ou feministas ultramodernas, o termo tem data de nascimento (normalmente uma data cartesiana, 1637 ou 1644), quando ela supostamente surge em cena completamente crescida e armada até os dentes, como Atena que emergiu da cabeça de Zeus.

Diante de tão espalhada convicção em contrário, seria natural perguntar em que nos fundamentamos para acreditar que a objetividade nas ciências *tem* uma história. As camadas conceituais que mencionei são uma pista desta história, mas exemplos concretos são necessários para tornar a afirmativa ao mesmo tempo interessante e plausível. No que segue esboçarei um episódio na

---

[1] Ver, por exemplo, Susan Bordo, *The Flight to Objectivity: Essays on Cartesianism and Culture* (Albany: State University of Nova Iorque Press, 1987), e Evelyn Fox Keller, *Reflections on Gender and Science* (New Haven, CN: Yale University Press, 1985).

[2] Aqui estou pensando especialmente no clássico de Charles C. Gillespie *The Edge of Objectivity: An Essay in the History os Scientific Ideas* (Princeton, NJ: Princeton University Press, 1960), que é uma história de como e quando várias ciências alcançaram a objetividade, em vez de uma história da própria objetividade.

[3] Ver Karl Popper, *Objective Knowledge: An Evolutionary Approach* (Oxford: Oxford University Press, 1973), Richard Rorty, *Philosophy and the Mirror of Nature* (Princeton, NJ: Princeton University Press, 1979); Thomas Nagel, *The View from Nowhere* (Oxford: Oxford University Press, 1986); R.W. Newell, *Objectivity, Empiricism and Truth* (London: Routledge & Kegan Paul, 1986) e Helen E. Longino, *Science as Social Knowledge: Values and Objectivity in Scientific Inquiry* (Princeton, NJ: Princeton University Press, 1990).

história da objetividade – a saber, o surgimento do ideal que chamarei "objetividade aperspectivística" no século XIX.

A objetividade aperspectivística tem sido louvada como "um método de compreensão... uma visão ou forma de pensamento é mais objetiva que outra se tem seu fundamento menos nas especificidades do conjunto composto pelo indivíduo e sua posição no mundo, ou nas características do tipo particular de criatura que ele é"[4]; ela também tem sido censurada por

> excluir... percepções que podem nos enganar; o corpo, com suas fragilidades; a sociedade, com suas pressões e interesses específicos; memórias, que podem desvanecer-se; imagens mentais, que podem diferir de pessoa para pessoa e imaginação – especialmente metáfora e metonímia –, que não se encaixam no mundo exterior objetivamente dado.[5]

Embora a objetividade aperspectivística seja apenas um dos componentes de nosso conceito em camadas da objetividade, e um relativamente recente, ele domina nosso uso corrente. De fato, é difícil para nós falarmos sobre objetividade sem listar a metáfora da perspectiva ou variantes como "ponto de vista", "ausência de centro", "recuando", "subindo para fora de nossas próprias mentes" ou o brilhante oximoro de Thomas Nagel "visão a partir de lugar nenhum". A objetividade aperspectivística é tanto conceitualmente quanto – como pretendo mostrar – historicamente distinta do aspecto ontológico da objetividade, que busca a estrutura última da realidade e do aspecto mecânico da objetividade que proíbe julgamento e interpretação ao se relatar e representar resultados científicos.[6] Enquanto que a objetividade ontológica trata do mundo, e a objetividade mecânica da supressão da propensão universal humana de julgar e estetizar, a objetividade aperspectivística trata da eliminação de idiossincrasias individuais (ou ocasionalmente coletivas, como no caso de estilos nacionais ou antropomorfismos). Embora todas estas idiossincrasias tenham sido marcadas com o pincel da subjetividade no século XIX, elas nem sempre significam desvantagens: a habilidade de detectar uma substância fracamente luminescente a olho nu é uma idiossincrasia do mesmo modo que um tempo de resposta mais lento também o é. Como todos os aspectos da noção corrente de objetividade, a objetividade aperspectivística é, nos dias de hoje, associada em primeiro lugar com as ciências naturais: tanto

---

[4] Nagel, *View*, op. cit. nota 3, 4-5.
[5] George Lakoff. *Women, Fire, and Dangerous Things: What Categories Reveal about the Mind* (Chicago, IL & London: The University of Chicago Press, 1987), 183.
[6] Sobre a objetividade ontológica e sua forma moderna ver Newell, *Objectivity*, op. cit. nota 3, 16-38; sobre a objetividade mecânica, ver Lorraine Daston e Peter Galison, "The Image of Objectivity", a ser publicado em *Representations*.

sua possibilidade quanto desejabilidade têm sido controversas nas ciências sociais desde a virada deste século; e, em muito da recente literatura filosófica, sua ausência é encarada como um sinal de ética.[7]

Nem sempre foi assim. Minha tese é que a objetividade aperspectivística fez sua primeira aparição não nas ciências naturais, mas na filosofia moral e estética da segunda metade do século XVIII. Não apenas ela não figurava de modo proeminente no credo dos cientistas naturais do período; sua aplicação seria incompatível com o regime de competências e hierarquia que caracterizavam a prática científica. Somente em meados do século XIX a objetividade aperspectivística foi importada e naturalizada para o *ethos* das ciências naturais, como resultado de uma reorganização da vida científica que multiplicou os contatos profissionais em todos os níveis, das comissões internacionais aos laboratórios cheios de profissionais. A objetividade aperspectivística tornou-se um valor científico quando a ciência passou a consistir principalmente em comunicações que atravessavam fronteiras de nacionalidade, treinamento e habilidade. De fato, a essência da objetividade aperspectivística é a comunicabilidade, reduzindo o alcance do conhecimento genuíno para coincidir com aquele do conhecimento público. Em casos extremos, a objetividade aperspectivística pode até sacrificar conhecimento mais acurado ou profundo às demandas da comunicabilidade.

Meu argumento em defesa dessas afirmações tem quatro partes. Primeiro, apresentarei um breve panorama dos sentidos da objetividade no fim do século XVIII e começo do XIX, de modo a estabelecer que aquilo que chamei de objetividade aperspectivística não aparece entre eles. Em seguida, examinarei os argumentos estéticos de Shaftesbury, Hume e Adam Smith, nos quais, *inter alia*, o conceito aparece mais desenvolvido. A partir disso, passo a considerar a situação nas ciências naturais, contrastando as tentativas do século XIX de eliminar todos os traços pessoais com práticas anteriores. Finalmente, concluirei com algumas reflexões sobre como e porque a objetividade aperspectivística assumiu sobretons morais.

---

[7] Quanto às ciências sociais, ver Max Weber, "Die "Objektivität" sozialwissenschaftlicher und sozialpolitischer Erkenntnis" (1904), em Johannes Winckelman (ed.), *Gesammelte Aufsitze zur Wissenschaftslehre* (Tübingen: J.C.B. Mohr, 3rd edn, 1968), 146-214, e Robert Proctor, *Value-Free Science?* (Cambridge, MA: Harvard University Press, 1992); quanto a ética, ver Bernard Williams, "The Scientific and the Ethical", em S.C. Brown (ed.), *Objectivity and Cultural Divergence* (Cambridge: Cambridge University Press, 1984), 209-28. Para uma discussão acerca do ressurgimento da ética "objetiva", ver Samuel Scheffler, "Objectivity", *London Review of Books*, Vol. 12, No. 7 (13 de setembro 1990), 9-10.

O que significa objetividade

Os termos "objetivo" e "subjetivo" eram nativos da filosofia escolástica, onde eles significavam algo um tanto quanto diferente do que significam agora: "objetivo" pertencia principalmente aos objetos do pensamento, ao invés daqueles do mundo externo. Estes termos tinham sentido ontológico, não epistemológico, na discussão medieval tardia dos universais, além de possuírem um sabor agostiniano: objetos verdadeiramente reais eram as ideias na mente divina.[8] Traços do sentido escolástico de objetividade podem ser encontrados em Descartes, que escreveu sobre gradações de "realidade objetiva" contidas em várias ideias[9], e de fato, em muitas fontes filosóficas do século XVIII, pelo menos em alemão e inglês. Em francês, *objectif* por muito tempo competiu com *positif*, praticamente pelo mesmo território semântico; no século XVIII a definição primária de *objectif* era a parte do microscópio que tem o mesmo nome em inglês, com uma definição secundária, ontológica, denotando aproximadamente "graus de realidade intrínseca (enquanto oposto à realidade 'formal' ou efetiva)"[10].

Todos estes usos medievais e do começo da modernidade pertencem à palavra "objetividade", suas variantes e cognatos, e não necessariamente coincidem com práticas e ideais que reconhecemos hoje como partes de (ou pelo menos aparentadas com) nossa concepção de objetividade. Por exemplo, os códigos de imparcialidade e desinteresse desenvolvidos pelos juristas nesse período claramente capturam algumas das conotações da objetividade em nosso sentido[11], embora ainda não fizessem par com a palavra "objetividade". Além disso, como mostra Peter Dear, algumas dessas noções legais, junto com procedimentos legais para avaliação de testemunhos, foram importados para a

---

8   Para exemplos de significados escolásticos, ver o artigo "Objective" no *Oxford English Dictionary;* sobre a influência de Agostinho, ver John F. Bowler, "Intuitive and Abstract Cognition", em Norman Kretzmann, Anthony Kenny and Jan Pinborg (eds), *The Cambridge History of Later Medieval Philosophy* (Cambridge: Cambridge University Press, 1982), 460-78.

9   Ver especialmente a Meditação III, em René Descartes, *Meditationes de prima philosophia* (1641); também Calvin Normore, "Meaning and Objective Meaning: Descartes and His Sources", em Amelie Oksenberg Rorty (ed.), *Essays on Descartes' Meditations* (Berkeley, CA: University of California Press, 1986), 223-42, e a contribuição de Peter Dear a este Simpósio, "From Truth to Disinterestedness in the Seventeenth Century", Social Studies of Science, Vol. 22 (1992), 619-31.

10   Ver, por exemplo, o artigo "Objectif", *Dictionnaire de Trevoux* (Paris, 1762).

11   Sobre o ethos profissional do desinteresse entre advogados ver Lucien Kapik, "Le Desinteressement", *Annales: Economies, Societes, Civilisations*, Vol. 44 (maio-jun. 1989), 733-51.

primeira filosofia moderna.[12] Ainda assim, é importante saber quando palavra e coisa se encontram, pois a escolha de que palavra ligar a que coisa nunca é arbitrária. Quando, por volta da virada do século XIX, a palavra "objetividade" havia absorvido os sentidos jurídicos de imparcialidade junto com as associações filosóficas envolvendo objetos físicos externos, ela não perdeu sua penumbra ontológica mais antiga. É este longo processo de acréscimo e absorção que causa a estrutura em camadas da noção de objetividade, e é problema do historiador explicar quando e como se tornou possível hospedar tais associações de significados tão díspares sob o mesmo teto linguístico. É por isso que a história da objetividade deve oscilar entre palavra e coisa, prestando atenção em ambas. Uma história da palavra sem a coisa corre o risco de degenerar em etimologia; uma história da coisa sem a palavra corre o risco de anacronismo.

Alguns textos filosóficos do século XVIII e começo do XIX (a palavra, senão a coisa mesma, sendo propriedade exclusiva de filósofos e teólogos durante este período) servirão para ilustrar o significado ontológico do termo. Em 1744, o Bispo Berkeley ainda podia invocar os sentidos escolásticos do termo sem paradoxo ou redundância: "Fenômenos naturais são apenas aparências naturais. Eles são, portanto, tais como os vemos e percebemos: Suas naturezas objetivas são, portanto, as mesmas"[13]; aqui, "objetivo" significa o que é percebido, e isto é em principio distinguível do "real". Mas C.A. Crusius, escrevendo em 1747, registra uma mudança de sentido próxima do sentido moderno, ao passo que preserva os tons mais antigos, teológicos:

> Divide-se a verdade em objetiva ou metafísica [*objektivische oder metaphysische*], que não é outra coisa senão a realidade ou possibilidade do objeto mesmo... e em subjetiva ou logicalística* [*subjektivische oder logikalische*], que é a verdade em uma mente existente.... Toda verdade objetiva é, desse modo, subjetiva na mente divina.[14]

Aqui está uma variante reconhecível de nossa versão externo/interno da distinção subjetivo/objetivo, pelo menos no que diz respeito a mentes mortais.

---

[12] Ver Dear, *op. cit.* nota 9; também Steven Shapin e Simon Schaffer, *Leviathan and the Air Pump. Hobbes, Boyle, and the Experimental Life* (Princeton, NJ: Princeton University Press, 1985).

[13] George Berkeley, *Siris* (1744), Seção 292, citada no artigo OED "Objective", op. cit. nota 8.

* *Logicalistic* no original. Optamos por uma alternativa que contemplasse esta pequena variação no termo. (N. do T.)

[14] C.A. Crusius, *Weg zur Zuverliissigkeit und Gewifiheit der menschlichen Erkenntnis* (1747), em G. Tonelli (ed.), *Die philosophischen Hauptwerke* (Hildesheim: Georg Olms, 1965), Vol. 3, 95.

Estas são citações coletadas mais ou menos aleatoriamente, e elas dão testemunho, ao invés de fixarem sentidos para a palavra "objetividade" durante este período. Foi Kant que se apropriou do velho derivado escolástico *objektiv* como termo técnico, dando-lhe novo sopro de vida como conceito chave em filosofia, embora um conceito ainda bastante diverso do nosso. A "validade objetiva" (*objektive Gültigkeit*) de Kant não diz respeito a objetos externos *in se*, mas sim a categorias relacionais (tais como tempo, espaço e causalidade) que são as precondições da experiência.[15] Para nossos propósitos, o uso de Kant do termo é menos importante do que sua adoção e adaptação por seguidores menos brilhantes, como Samuel Taylor Coleridge. Foi Coleridge que parece ter reintroduzido o termo no uso filosófico inglês em 1817, e foi sua incompreensão criativa de Kant que cristalizou uma oposição entre objetivo e subjetivo que podemos pelo menos reconhecer, se não aceitar por completo:

> Agora a soma de tudo aquilo que chamamos apenas de OBJETIVO chamaremos doravante NATUREZA, confinando o termo a seu sentido passivo e material, compreendendo todos os fenômenos pelos quais sua existência se torna conhecida por nós. Por outro lado, a soma de tudo aquilo que é SUBJETIVO, devemos compreender sob o nome EU [*SELF*] ou INTELIGÊNCIA. Ambas as concepções estão em necessária antítese. A inteligência é concebida como exclusivamente representativa, a natureza como exclusivamente representada; uma como consciente; a outra como sem consciência.[16]

Este passeio pelos usos da palavra "objetividade" e suas variantes inglesas, francesas e alemãs ao longo do século XVIII e XIX (todos derivados e depois divergindo da terminologia latina do escolasticismo) pretende marcar três pontos. Primeiro, "objetividade" dizia respeito à ontologia e, depois de Kant, em alguma medida à epistemologia de viés transcendental. Tinha pouco ou nada a ver com distanciamento emocional, controle do julgamento, método e medida ou confiabilidade empírica. Segundo, seu oposto inseparável, a subjetividade no sentido do mental, ainda não havia se tornado tema de arrependimento ou reprovação. Pelo contrário: Coleridge caracteriza nossa crença instintiva na existência das coisas independentes de nós como "preconceito" e pensava que "a maior perfeição da filosofia natural consistiria

---

15 Immanuel Kant, *Kritik der reinen Vernunft* (1781, 1787), A201-02/B246-47 *et passim*: Kant usa a palavra *Gegenstand* para denotar a realidade dos objetos externos (como oposta à objetividade das concepções dos objetos). Ver Henry E. Allison"s *Kant"s Transcendental Idealism* (New Haven, CN & London: Yale University Press, 1983), 134-55, para uma lúcida discussão acerca da distinção.

16 Samuel Taylor Coleridge, *Biographia Literaria* (1817), ed. J. Shawcross, 2 Vols (Oxford: Oxford University Press, 1973), Vol. 1, 174.

na perfeita espiritualização das leis da natureza em leis da intuição e do intelecto"[17]. Terceiro, a metáfora perspectivística que tanto permeia nossas discussões da objetividade não está (por assim dizer) à vista em lugar algum.[18]

Flexibilidade Perspectivística

Isto não quer dizer que a perspectiva e seu séquito de metáforas estavam ausentes das discussões filosóficas durante este período – apenas que não estavam ainda ligadas a objetos, quer dizer, aos problemas filosóficos e científicos de descrever e compreender o mundo natural. Antes, a divergência, integração e transcendência das perspectivas individuais eram a província da filosofia moral e da estética (a exceção mais notável é a metafísica completamente perspectivística de Leibniz da *Monadologia* [1714], mas este permanece como um caso isolado). Aqui o problema de reconciliar pontos de vista individuais acerca do mesmo assunto emerge por completo, com o complemento das virtudes que agora atribuímos à objetividade (mas não ainda ligados a este termo): distanciamento, imparcialidade, desinteresse, mesmo a autossupressão – todos listados para tornar possível o conhecimento público, partilhado. Entretanto, os assuntos que demandam estas virtudes não são as medições de posição de um cometa ou observações químicas, mas sim o mérito dramático de uma comédia romana ou a honradez em se aceitar elogio imerecido. As discussões acerca da perspectiva nos séculos XVIII e XIX concordam quanto aos meios (desindividualização, distanciamento emocional) e quanto aos fins (conhecimento universal de um tipo ou outro), mas lidam com objetos bem diferentes: afirmações morais e estéticas de um lado e científicas de outro.

Dados os limites de espaço e tempo, alguns poucos exemplos tirados da literatura sobre moral e estética do século XVIII devem bastar para marcar tal

---

[17] Ibid., 178, 175.
[18] Eu sei que existe uma literatura filosófica específica que atribui uma forma de objetividade aperspectivística a Descartes: ver, por exemplo, Bernard Williams, *Descartes: The Project of Pure Enquiry* (Hassocks, Sussex: Harvester Press, 1978), 69 70; ou Karsten Harries, "Descartes, Perspective, and the Angelic Eye", *Yale French Studies*, No. 49 (1973), 28-42. Não posso aqui lidar com tais afirmações com o detalhe que elas merecem. Entretanto, acredito que elas são o resultado da concentração errônea de toda a história da objetividade em um único momento, projetando assim sentidos e metáforas atuais em usos pretéritos. Aqui basta notar que as preocupações epistemológicas de Descartes dizem respeito a toda espécie humana, não a indivíduos, e que (contrastando, por exemplo, com as discussões de Montaigne sobre costumes e moral) a metáfora perspectivística raramente é invocada.

contraste com vividez. Todos aqueles que defendem a existência de padrões universais do belo, como Shaftesbury e Hume, recorreram à linguagem da perspectiva individual e da autossupressão. Considere a advertência de Hume quanto ao julgamento das obras de arte:

> De modo semelhante, quando qualquer obra é endereçada ao público, embora eu deva ter amizade ou inimizade com o autor, devo me afastar dessa situação e, considerando a mim mesmo como um homem em geral, esquecer, se possível, meu ser individual e circunstâncias peculiares. Uma pessoa influenciada pelo preconceito não coopera com tal condição, mas, obstinadamente mantem sua posição natural, sem se colocar naquele ponto de vista que o desempenho pressupõe... deste modo seus sentimentos se pervertem; tampouco as mesmas belezas e falhas o influenciam do mesmo modo, como se ele tivesse imposto uma apropriada violência a sua imaginação de modo a esquecer de si mesmo por um momento. Até aqui seu gosto evidentemente se afasta do verdadeiro padrão, consequentemente perdendo todo crédito e autoridade.[19]

Temos aqui quase todos os elementos da objetividade aperspectivística: as peculiaridades da posição natural de um indivíduo devem ser subjugadas mediante o "esquecimento" de si mesmo de modo a se atingir "o verdadeiro padrão". Mas o verdadeiro padrão aqui é aquele da "beleza católica e universal", não o da natureza material.

A versão estética de Hume da objetividade aperspectivística também se afasta da versão científica tardia em outro elemento importante: Hume recomenda que o crítico cultive uma flexibilidade perspectivística, a habilidade de assumir uma miríade de outros pontos de vista, ao invés da total fuga da perspectiva implicada pela "visão a partir de lugar nenhum". Entretanto, a passagem dessa virtuosidade empática rumo a objetividade desapegada foi curta, e não exigiu abandonar o domínio humano pelo natural. A *Teoria dos Sentimentos Morais* (1759), de Adam Smith, nos faz dar passos adicionais, dos puxões e repuxões psicológicos da simpatia, que nos transplantam ainda que parcialmente para as mentes e corações de nossos semelhantes, rumos às demandas mais elevadas de uma imparcialidade idealizada que transcende todos os pontos de vista particulares. As primeiras exigências de um senso moral vêm da simpatia irresistível e recíproca que leva o espectador a sentir algo da angústia do sofredor, *e* o sofredor a se aproximar da fria indiferença do espectador. Entretanto, a média psicológica de simpatia entre sofredor e

---

[19] David Hume, "Of Standards of Taste", in *Philosophical Works*, 4 Vols. (Edimburgo, 1826), Vol. 3, 271. (N. do T.: Usamos aqui a tradução a partir da edição topbooks dos ensaios de Hume.)

espectador pode ser suficiente para produzir concórdia social, mas não uma completa moralidade do dever e da justiça. A simpatia sozinha estimula apenas o desejo por louvor; um senso de dever e justiça nos impele além, rumo ao desejo mais elevado de sermos dignos de louvor. A primeira funciona somente sob condições de sociabilidade e vigilância social; o segundo escrutina intenções e também ações, e requer autopoliciamento. Embora um leitor atento possa achar uma lacuna de argumentação entre a psicologia de Smith do espectador imparcial e sua deontologia do "homem-dentro-do-peito" [*man-within-the-breast*], aparentemente o próprio Smith via apenas um *continuum*. Há uma intensificação progressiva dos adjetivos utilizados para descrever o espectador imparcial que gradualmente o elevam acima da identidade concreta, ascendendo do "espectador indiferente" ao "grande juiz e árbitro". Usando as designações quase como sinônimas, Smith transformou o "espectador imparcial" de carne e osso, que assume simpaticamente qualquer e todos os pontos de vista, no desencarnado "homem-dentro-do-peito", que se eleva acima de todos os pontos de vista particulares. A linguagem perspectivística é do próprio Smith:

> De modo semelhante, para as paixões egoístas e originais da natureza humana, a perda ou ganho de um pequeno interesse nosso, parece ser de importância mais vasta, desperta alegria ou tristeza mais apaixonada, desejo e aversão mais ardente do que os interesses mais importantes de outrem com quem não temos conexão particular alguma. Seus interesses, na medida em que são avaliados a partir desse ponto, não podem ser colocados em equilíbrio com relação aos nossos próprios... antes que possamos fazer comparações adequadas daqueles interesses opostos, devemos mudar nossa posição. Não devemos vê-los a partir de nossa perspectiva nem da perspectiva do outro, mas do lugar e com os olhos de uma terceira pessoa, que não tem conexão particular com nenhum deles, e que julga com imparcialidade, entre nós.[20]

Como Hume em sua estética, Smith atribui os desvios em relação ao "verdadeiro" padrão moral aos preconceitos de uma perspectiva inadequada, o interesse próprio sendo ao mesmo tempo a pior e mais comum dessas distorções perspectivísticas. Nesse contexto, os cientistas eram considerados exemplares pelos filósofos perspectivistas do século XVIII, não porque se presumia que a ciência fosse livre de perspectivas particulares – ou seja, "objetiva" em nosso sentido tardio. Ao invés disso, cientistas eram reverenciados como modelos da virtude do desinteresse, tanto no sentido

---

[20] Adam Smith, *The Theory of Moral Sentiments* (1759), eds. D.D. Raphael e A.L. Macfie (Oxford: Oxford University Press, 1976), 135.

imediato de renúncia aos ganhos egoístas quanto no sentido mais remoto de permanecer sereno diante da apatia e desprezo do público. Shaftesbury tomava a alegria contemplativa do matemático como paradigma para todos os impulsos estéticos e morais que abandonaram o "interesse particular" e o "bem-próprio"[21]; Adam Smith admirava a indiferença do matemático e do filósofo natural diante de opiniões públicas adversas como sendo parecida com a indiferença do sábio injustamente condenado por ações às quais ele teve que se moldar por serem "regras exatas de perfeita correção". Em contraste com as disputas sem fim dos poetas, tendo em vista elevar as próprias reputações, Smith acreditava que matemáticos e filósofos naturais seriam "quase sempre homens da mais amigável simplicidade de modos, que viviam em harmonia entre si".[22] A visão sanguínea de Smith acerca dos eruditos se baseava numa leitura claramente crédula dos elogios acadêmicos de Fontenelle,[23] e era por vezes absurdamente equivocada, como quando conjecturava que Newton era tão indiferente quanto à recepção do público dos *Principia* que sua "tranquilidade... nunca sofreu, quanto a este aspecto, uma interrupção de um único quarto de hora".[24] Entretanto, para nossos propósitos, a precisão dessa imagem do cientista desinteressado é menos importante do que sua ampla circulação e suas bases putativas. Matemáticos e, em menor medida, filósofos naturais eram supostamente desinteressados porque indiferentes à opinião pública, e eram indiferentes porque a certeza total ou aproximada de suas "demonstrações" os libertavam de avaliações baseadas em "uma certa delicadeza do gosto". Deste modo, não era tanto a universalidade ou a materialidade física do assunto científico nem a certeza dos argumentos científicos (mesmo se evidentes inicialmente apenas para seus autores) que asseguravam aos cientistas um certo distanciamento invejável aos olhos dos filósofos morais.

Entretanto, o desinteresse ainda não era a objetividade aperspectivística em sua forma completa. Como vimos, o conceito tardio não era desconhecido de pensadores do século XVIII, mas seu solo nativo era a estética e,

---

21 Anthony, Earl of Shaftesbury, *Characteristics of Men, Manners, Opinions, Times, etc.* (1711), ed. John M. Robertson, 2 Vols. (London, 1900), Vol. 1, 296.
22 Smith, *Moral Sentiments*, op. cit. nota 20, 125.
23 Sobre o tema do desinteresse nos elogios acadêmicos, ver Charles B. Paul, *Science and Immortality: The Eloges of the Paris Academy of Sciences* (1699-1791) (Berkeley, CA: University of California Press, 1980) e Dorinda Outram, "The Language of Natural Power: The "Eloges" of George Cuvier and the Public Language of Nineteenth-Century Science", *History of Science*, Vol. 16 (1978), 153-78. Quanto à importância da imparcialidade entre os intelectuais do iluminismo, ver Lorraine Daston, "The Ideal and Reality of the Republic of Letters in the Enlightenment", *Science in Context*, Vol. 4 (1991), 367-86.
24 Smith, *Moral Sentiments*, op. cit. nota 20, 124.

especialmente, a filosofia moral, não as ciências naturais. É neste reino moral, não naquele da objetividade ontológica, que o subjetivo – ou o "privado", como era comumente e reveladoramente chamado – adquiriu um odor desagradável. Kant podia usar "subjetivo" e "empírico", menosprezando ambos os termos, antepondo a eles um "meramente", como quase sinônimos no seu tratamento do dever, tão distante era sua concepção moral da objetividade das ciências naturais. Ainda assim, há uma passagem emblemática e incomum na primeira *Kritik* de Kant que anuncia esta mudança no sentido da objetividade para conhecimento público. Distinguindo entre "bases objetivas" para e "causas subjetivas" da crença, Kant ligava a verdade de uma ideia ("concordância com o objeto") com a comunicabilidade da ideia: "A pedra de toque da crença [*Fürwahrhalten*], seja convicção [objetiva] ou mera persuasão [subjetiva], é, pois, externamente, a possibilidade de comunicá-la", pois a comunicabilidade é possível tanto pela racionalidade compartilhada das mentes quanto pelo objeto compartilhado ao qual a ideia se refere. Kant era cuidadoso ao apontar que a comunicabilidade em si mesma era apenas um "meio subjetivo" para superar a privacidade do próprio julgamento, e não seria suficiente para criar persuasão completa, "objetiva".[25] Entretanto, a combinação feita por Kant de sentido ontológico de um objeto, sentido epistemológico de uma razão compartilhada e o sentido social de informação compartilhada sob a rubrica do "objetivo", convidava a borrar estas distinções e provou-se profético de coisas por vir. Na segunda metade do século XIX, a objetividade aperspectivística havia deslocado (embora não substituído por completo) a objetividade ontológica no discurso filosófico, e as ciências naturais foram elevadas ao status de sua realização mais completa.

Objetividade Aperspectivística como Objetividade Científica

Os vários tipos de objetividade podem ser classificados pelas diferentes subjetividades às quais se opõem. Em meados do século XIX, a objetividade ontológica veio a se opor à consciência *per se*, e a objetividade mecânica se opôs à interpretação.[26] A objetividade aperspectivística atribuída à ciência do

---

[25] Kant, *Kritik*, op. cit. nota 15, A820-22/B848-50.
[26] Ver Daston & Galison, op. cit. nota 6. A diferença entre objetividade perspectivística e objetividade mecânica é colocada em foco mediante as contrastantes reações à fotografia. A foto é o emblema da objetividade mecânica, pois parece ser uma transcrição da natureza, livre da intrusiva interferência humana. Mas a objetividade perspectivística rejeita a fotografia porque ela preserva "o ângulo de visão pouco comum, o corte aparentemente aleatório que (...) podem ser compreendidos como meios para ressaltar a presença necessária de um distinto sujeito percebedor, de

fim do século XIX se opunha à subjetividade das idiossincrasias individuais, que substituíram os interesses individuais e "situações" analisadas pelos perspectivistas morais do século XVIII. Assim como a transcendência dos pontos de vista individuais em deliberação e ação pareciam precondição para uma sociedade justa e harmoniosa para os moralistas do século XVIII, de modo semelhante a transcendência destas mesmas coisas na ciência pareciam, para alguns filósofos do século XIX, precondição para uma comunidade científica coerente. A existência de tal comunidade, se estendendo no tempo e espaço, por sua vez, parecia uma precondição para – ou eventualmente uma garantia para – atingir a verdade científica.

Charles Sanders Pierce concebia esta forma necessariamente comunal de busca da verdade enquanto procedimento mediante a anulação simétrica de erros individuais:

> O indivíduo pode não viver para alcançar a verdade; há um resíduo de erro em toda opinião individual. Não importa, permanece o fato de que há uma opinião definida para qual a mente do homem, no todo e a longo prazo, se inclina... esta opinião final, então, é independente, não do pensamento em geral, mas de tudo que é arbitrário ou individual em pensamento; é de fato independente de como você, eu, ou qualquer quantidade de pessoas pensem.

O objetivamente real não é aquilo que elimina o mental, mas o que elimina idiossincrasias individuais através de prolongada "aferição" de pontos de vista pela comunicação.[27] A comunicação científica também jaz próxima ao coração da concepção de Gottlob Frege da objetividade, apesar de sua reputação de metafísico platônico. Frege se opunha a um tratamento psicológico da lógica, pois este tornaria a comunicação científica impossível: "Assim, eu também posso reconhecer pensamentos como independentes de mim. Outros homens podem compreender tanto quanto eu: posso supor uma ciência com a qual, na pesquisa, muitos possam se engajar". [28]

---

    um ponto de vista individual peculiar": Charles Rosen and Henri Zerner, *Romanticism and Realism. The Mythology of Nineteenth-Century Art* (Nova Iorque: Viking, 1984), 110

27 Charles Sanders Peirce, "A Critical Review of Berkeley"s Idealism" (1871), em Philip Wiener (ed.), *Values in a Universe of Chance. Selected Writings of C.S. Peirce (1839-1914)* (Nova Iorque: Dover, 1958), 81-83.

28 G. Frege, "Thoughts", em Peter Geach (ed.), *Logical Investigations* (New Haven, CN: Yale University Press, 1977), 8-9; citado em Thomas G. Ricketts, "Objectivity and Objecthood: Frege"s Metaphysics of Judgment", em L. Haaparanta and J. Hintikka (eds), *Frege Synthesized* (Dordrecht: Reidel, 1986), 65-95.

Pierce e Frege são testemunhas filosóficas das mudanças nas práticas científicas que provocaram mudanças correspondentes nos ideais científicos em meados do século XIX. A escala e organização do trabalho científico cresceu e se tornou mais complexa: mais pessoas com treinamentos ainda mais diversos mantinham entre si contato com mais frequência do que antes. A ciência tem sido colaborativa, pelo menos em princípio, desde o século XVII[29], e o cosmopolitismo era o *leitmotiv* da ciência do Iluminismo[30]. Mas a República das Letras do século XVIII ainda não era uma comunidade científica no sentido moderno: as academias podiam até ter permutado procedimentos, e houve casos de colaboração internacional como a observação do trânsito de Vênus em 1761, mas os laços comunicativos reais eram amizades (ou inimizades) entre cientistas individuais, alimentados por correspondências da vida inteira. Estas eram ligações altamente seletivas estabelecidas por pares, e mesmo se a relação nunca progredisse de parceiros de cartas para encontros cara a cara, as correspondências frequentemente evoluíam de cordiais para íntimas, com revelações pessoais espalhadas em meio a descobertas científicas[31]. Em contraste, os contatos que soldaram o mundo científico do século XIX eram mais numerosos, heterogêneos e impessoais, embora nunca tenham afastado inteiramente as amizades científicas. Em comparação com todas as associações confortáveis envolvendo *Gemeinschaft* [comunidade] na expressão "comunidade científica", as relações efetivas que soldavam tudo isso se tornaram cada vez mais estreitas e formais.

Mas soldados eles estavam, não somente pelas vigas invisíveis que se estendiam através das fronteiras linguísticas e nacionais na forma de revistas internacionais, comissões e congressos, mas também pelos filamentos que entrecruzavam níveis de habilidade, status e treino dentro de e entre laboratórios e postos de observação. Artigos circulavam através de oceanos e continentes, medições eram trocadas, observações computadas, instrumentos calibrados, unidades e categorias padronizadas. Esta azáfama de comunicação

---

[29] Ver, por exemplo, as visões bastante típicas de Marin Mersenne quanto a necessidade de cooperação científica: *Questions inouyes ou Recreations des Scavans* (Paris, 1634), Q.30.

[30] Sobre a ascensão e queda do cosmopolitismo científico do Iluminismo, ver Daston, "Ideal and Reality", op. cit. nota 23, e Lorraine Daston, "Scientific Neutrality and Nationalism under Napoleon", em T. Frangsmyr (ed.), *Solomon"s House Revisited* (Canton, MA: Science History Publications, 1990), 95-119.

[31] Por exemplo, a correspondência entre os eletricistas Charles Dufay e Stephen Gray, ou aquela entre os naturalistas A. Jussieu e Joseph Banks. Sobre a ausência de uma comunidade científica no século XVIII, ver Wolf Lepenies, *Between Science and Literature: The Rise of Sociology*, trand. R.J. Hollingdale (Cambridge: Cambridge University Press, 1988), 2.

científica foi possível, em parte, graças a sistemas melhores de correios, ferrovias, telégrafos etc., embora não tenha sido causado por estas tecnologias. Tampouco foi simplesmente o resultado da uniformidade da natureza, possibilitando que muitos observadores esparsos comparassem notas sobre fenômenos universais. Não havia nada de inevitável sobre a comunicação científica; ela requeria trabalho duro a cada passo: novos instrumentos e novos métodos de análise de dados eram precondição para amalgamar medições feitas por observadores distantes entre si;[32] comissões internacionais se encontravam e disputavam sobre os padrões e definições que tornariam comparáveis os resultados de, digamos, pesquisas estatísticas ou elétricas;[33] o trabalho científico teve que ser dividido e disciplinado para equalizar diferenças de habilidade e treinamento.[34] Os próprios fenômenos tiveram que ser podados e filtrados, pois alguns eram muito variáveis ou caprichosos para viajar bem. Já no século XVIII, haviam começado a editar os fatos em nome da sociabilidade científica[35]; em meados do século XIX, a redução da natureza ao comunicável havia se tornado prática padrão entre cientistas. Seria um exagero, mas não uma distorção, afirmar que a comunicação científica foi a pré-condição para a uniformidade da natureza e não o contrário.

Este é o contexto no qual a objetividade aperspectivística se tornou o credo dos cientistas, o ideal que correspondia à prática da comunicação quase constante e impessoal. Conforme afirma Theodore Porter, certas formas de quantificação tornaram-se aliadas da objetividade não por terem necessariamente espelhado a realidade de modo mais acurado, mas por servirem ao ideal da comunicabilidade, especialmente através das barreiras da distância e desconfiança.[36] A objetividade aperspectivística era o *ethos* do observador intercambiável e portanto desprovido de traços distintivos – sem

---

[32] Zeno J. Swijtink, "The Objectification of Observation", em Lorenz Krüger et al. (eds), *The Probabilistic Revolution*, 2 Vols (Cambridge, MA: MIT Press, 1987), Vol. 1, 261-85.

[33] Sobre a padronização das categorias estatísticas, ver Alain Desrosieres and Laurent Thevenot, *Les Categories socioprofessionelles* (Paris: La D&couverte, 1988); sobre as unidades elétricas, ver Simon Schaffer, "A Manufactory of Ohms: The Integrity of Victorian Values", texto apresentado no Workshop de História da Ciência da UCLA (Outono 1989)

[34] Simon Schaffer, "Astronomers Mark Time", *Science in Context*, Vol. 2 (1988), 115-46.

[35] Lorraine Daston, "The Cold Light of Facts and the Facts of Cold Light: Luminescence and the Transformation of Scientific Fact, 1600-1750", comunicação apresentada no Workshop de História da Ciência da UCLA (Inverno de 1990).

[36] Ver a contribuição de Theodore M. Porter para este simpósio, "Quantification and the Accounting Ideal in Science", *Social Studies of Science*, Vol. 22 (1992), 633-52; tambpem Porter, "Objectivity as Standardization: The Rhetoric of Impersonality in Measurement, Statistics, and Cost-Benefit Analysis", *Annals of Scholarship*, no prelo.

as marcas da nacionalidade, obtusidade ou acuidade sensorial, treino ou tradição; aparelhos peculiares, escrita pitoresca ou qualquer outra idiossincrasia que possa interferir com a comunicação, comparação e acumulação de resultados. Os cientistas prestavam homenagem a este ideal contrastando o individualismo do artista com a cooperação autoanuladora da individualidade dos cientistas, que não mais apareciam no singular – *"l'art c'est moi, la science, c'est nous"**, conforme epigrama de Claude Bernard. Ernest Renan preferia a "palavra mais objetiva *savoir* [saber]", na qual "a pessoa é transportada para o ponto de vista da humanidade", ao invés de *philosopher* [filosofar] que invocava "o fato subjetivo do pensador solitário";[37] tornou-se de bom tom entre cientistas a escrita de autobiografias cuidadosamente impessoais, como no caso de Darwin e Huxley.[38] Subjetividade se tornou sinônimo de individual e de solitude; objetividade, de coletivo e de convivial.[39] O *ethos* da objetividade aperspectivística havia chegado.

Para que possamos apreciar a novidade desse *ethos* na ciência, devemos contrastá-lo com os ideais e práticas que o precederam. Diferenças de perspectiva, literais e figuradas, eram frequentemente observadas por filósofos naturalistas de um período anterior. Leeuwenhoek, por exemplo, escreveu para a Sociedade Real de Londres dizendo que ele e o artista que trabalhava com ele haviam discordado sobre o tamanho de algumas "fibras de carne de baleia" observadas sob o microscópio, tendo fornecido desenhos ilustrando ambas as visões, "de onde aparece a diferença entre as visões de um e outro homem".[40] Desacordos entre cientistas e artistas quanto ao que era visto e como o desenhar eram lugar-comum nas ciências do olho,[41] e eram um caso especial de distinções ainda mais difundidas entre observadores competentes e incompetentes. Longe de abraçar o ideal do observador intercambiável, os cientistas dos séculos XVII e XVIII avaliavam cuidadosamente os relatórios de observações considerando a habilidade e integridade do observador. Edmund Halley queixava-se de que muitos "meteoros" astronômicos "escapavam dos olhos daqueles mais qualificados para fazer deles um bom relato", e era

---

* N. do T.: "A arte sou eu, a ciência somos nós".
[37] Ernest Renan, *L'Avenir de la Science* (Paris, 1890), 91.
[38] Regenia Gagnier, *Subjectivities: A History of Self-Representation in Britain 1832-1920* (Oxford: Oxford University Press, 1990), Chapter 6.
[39] Sobre a tensão entre ideais de solitude e convívio, ver Steven Shapin, "The Mind in Its Own Place: Science andSolitude in Seventeenth-Century England", *Science in Context*, Vol. 4 (1991), 191-218.
[40] A. van Leeuwenhoek [Letter of 12 October 1713], *Philosophical Transactions ofthe Royal Society of London* (reimpresso em Nova Iorque: Johnson Reprint, 1963), Vol. 29 (1714-16), 55-56.
[41] Para outros exemplos de tentativas de cientistas no sentido de policiar seus artistas ver Daston & Galison, "Image", op. cit. nota 6.

escrupuloso ao avaliar a qualidade das suas próprias observações, bem como as de outros, sobre o eclipse solar.[42] Relatos de descobertas científicas, particularmente nas ciências empíricas mas, às vezes, nas matemáticas, eram enfaticamente lançados na primeira pessoa do singular, posto que a habilidade e caráter (ocasionalmente o status social) do observador eram frequentemente cruciais para julgar o valor de seu conteúdo.[43] Correspondentes científicos podem não ter se conhecido pessoalmente em todos os casos, mas eles avaliavam as habilidades e confiabilidade uns dos outros com o mesmo rigor e cuidado dedicados às credenciais de um banqueiro prestes a ser confiado com uma grande soma em dinheiro. Nem mesmo o testemunho da natureza poderia sempre superar o testemunho de um colega: quando a *Académie des Sciences* de Paris falhou ao tentar replicar os barômetros incandescentes de Johann Bernoulli, mesmo após tentativas repetidas que seguiam as instruções de Bernoulli literalmente, o Secretário Perpétuo Fontenelle preferiu apelar para a "*bisarrerie*" da natureza do que duvidar da palavra de uma testemunha tão eminente.[44] Por outro lado, pilhas de relatos corroborados entre si não foram capazes de impressionar a *Académie* quando as testemunhas tinham baixa credibilidade em seus olhos – por exemplo, camponeses iletrados observando a queda de meteoritos.[45]

A partir deste pano de fundo, podemos apreciar melhor porque a objetividade aperspectivística não figurava proeminentemente na ciência do século XVIII. Comunicação impessoal e uma divisão refinada do trabalho científico eram a exceção e não a regra, e o ideal do observador intercambiável atrairia pouca atenção de observadores orgulhosos de suas próprias qualificações ganhas duramente e alertas quanto às mínimas diferenças na qualificação dos outros. Podemos apreciar também o alto custo do ideal da objetividade aperspectivística, bem como das práticas que eventualmente a estabeleceram nas ciências naturais. Cientistas do século XIX por vezes ainda reclamavam quanto ao anonimato das revistas internacionais em termos que seus predecessores do século XVIII entenderiam bem; por exemplo, em 1881

---

[42] Edmund Halley, "Observations of the Late *Total Eclipse* of the Sun...", *Philosophical Transactions*, Vol. 29 (1714-16), 245-62.

[43] Sobre a relação entre status social e confiança na filosofia natural inglesa do começo da modernidade, ver Steven Shapin, ""A Scholar and a Gentleman": The Problematic Identity of the Scientific Practitioner in Early Modern England", *History of Science*, Vol. 29 (1991), 279-327.

[44] [Bernard de Fontenelle], "*Sur le phosphore du barometre*", *Histoire de l"Academie Royale des Sciences: Annee 1701* (Paris, 1743), 1-8. Ver Steven Shapin, "O Henry", *Isis*, Vol. 78 (1987), 417-24, acerca da impossibilidade *de facto* de duvidar da palavra de um colega.

[45] Ron Westrum, "Science and Social Intelligence about Anomalies: The Case of Meteorites", *Social Studies of Science*, Vol. 8 (1978), 461-93.

The Lancet lembrou aos editores de sua responsabilidade para com "um certo número de leitores, especialmente aqueles em outros países, [que] não faziam ideia do caráter do autor, além do fato de que eles acharam suas obras em boa companhia" ao pesquisar artigos de colaboradores localmente conhecidos por serem "fundamentalmente incapazes de dizer uma verdade simples e literal quanto às suas observações e experimentos".[46] As distâncias e o número de escritores e leitores espalhados pelas redes de comunicação científicas haviam minado as velhas regras de confiança e confiabilidade.

Entretanto, a principal vítima dos ideais e práticas da objetividade aperspectivística não foi a confiança, mas a habilidade. Habilidade não é algo que se encaixe confortavelmente na coletiva e ampliada ciência da segunda metade do século XIX, por duas razões, pelo menos: primeira, era algo raro e caro, portanto, não se poderia esperar de todos os trabalhadores da ciência; segunda, podia ser comunicado no máximo com dificuldade, se é que a comunicação ocorria de todo. À medida que a ciência se expandia em meados do século, o mesmo ocorria com sua necessidade de mão-de-obra, especialmente mão-de-obra barata. Entretanto, mão-de-obra barata normalmente tinha uma formação ruim (com a notável exceção das esposas e irmãs dos cientistas),[47] e Charles Babbage sugeriu que os cientistas seguissem o exemplo dos industriais, dividindo as tarefas em partes menores e mais simples, para minimizar a necessidade de qualificação científica. Ao descrever como o matemático francês Prony repassou a computação de suas tabelas de algoritmos para calculadores que sabiam apenas somar e subtrair, Babbage aponta que, sendo este um trabalho que "pode quase ser chamado de mecânico, requerendo o menor conhecimento e de longe o maior esforço", ele "pode sempre ser comprado por um preço em conta".[48] Babbage elogiava a precisão dos computadores humanos de Prony, e Claude Bernard pensava que um "homem não instruído" seria um registrador menos tendencioso de resultados experimentais,[49] mas não pode haver dúvidas de que a divisão do trabalho científico alterou a natureza e distribuição da habilidade científica. O observador intercambiável era frequentemente o mais básico denominador

---

46 John S. Billing, "Our Medical Literature", *The Lancet* (1881), Vol. 2, 265-70, at 270.
47 Ver Pnina Abir-Am e Dorinda Outram (eds), *Uneasy Careers and Intimate Lives. Women in Science, 1789-1979* (New Brunswick, NJ: Rutgers University Press, 1987), quanto a esta importante e difundida forma de labor científico.
48 Charles Babbage, *On the Economy of Machinery and Manufactures* (London, 4th edn, 1835), 195. A mecanização do trabalho científico e a reprodução de imagens científicas também serviram ao ideal da objetividade mecânica, por supostamente eliminar as interpretações: ver Daston & Galison, "Image", op. cit. nota 6.
49 Claude Bernard, *An Introduction to the Study of Experimental Medicine* (1865), trad. H.C. Greene (Nova Iorque: Dover, 1957), 38.

comum na observação. Como o próprio Babbage nota, com sua característica precisão,

> o gênio deixa sua marca, não pela observação de quantidades imperceptíveis para todos que não tenham sentidos especialmente aguçados, mas por colocar a natureza em circunstâncias tais que ela se vê forçada a registrar suas menores variações em uma escala de tal modo magnificada que um observador, possuindo faculdades comuns, deva achá-las escritas de modo legível.[50]

Em resumo, habilidade era um traço muito aristocrático para uma democracia de observadores científicos, sendo que democracia carrega consigo associações tocquevilianas com a mediocridade.

A habilidade era também algo notoriamente inefável, como Zeno Swijtink apontou,[51] e, portanto, crescentemente suspeita entre cientistas que igualavam objetividade a comunicabilidade. Georges Cuvier expressou algo desse desconforto em seus louvores a médicos celebrados por seu tato clínico, pois as causas de suas curas eram inescrutáveis para todos incapazes de "penetrar nos pensamentos mais íntimos [do médico]... ou estar presentes nas suas súbitas inspirações".[52] Tal desconforto tornou-se agudo quando o fisiologista Etienne Jules-Marey lançou sua campanha para substituir os sentidos humanos por instrumentos de gravação. A vantagem, por exemplo, do esfigmômetro em relação ao leitor humano do pulso era que não apenas ele nivelava diferenças individuais quanto a acuidade sensorial e tato clínico – um novato (ou uma enfermeira ou técnico mal pago) poderia substituir o fisiologista ou o doutor mais experientes. Havia também o fato de que o esfigmômetro e outros instrumentos adotados poderiam oferecer resultados que a linguagem não seria capaz de oferecer. O que de bom havia na excelente habilidade do leitor experiente de pulso para a ciência, perguntava Marey, se ele não poderia comunicar isto: "Como pode ele esperar, por definições e metáforas, tornar a natureza da sensação táctil compreensível [para outros]?"[53]. Problemas na

---

50 Charles Babbage, *Reflections on the Decline of Science in England and on Some of its Causes* (1830), em Martin Campbell-Kelly (ed.), The Works of Charles Babbage (London: William Pickering, 1989), Vol. 7, 86.
51 See Swijtink, "Objectification", op. cit. nota 32. O melhor relato filosófico quanto à qualidade "tácita" da habilidade científica ainda é Michael Polanyi, *Personal Knowledge* (Chicago, IL: The University of Chicago Press, 1958). Acerca da invisibilidade social das habilidades manuais e técnicas na ciência, ver Steven Shapin, "The Invisible Technician", *American Scientist*, Vol. 77 (1989), 554-63.
52 Georges Cuvier, *Recuil des eloges historiques lus dans les seances publiques de l'"Institut de France* (Paris, 1861), Vol. 3, 4.
53 E.J. Marey, *Physiologie medicale de la circulation du sang* (1863), citado em Francois Dagognet, *Etienne-Jules Marey. La Passion de la trace* (Paris: Hazen, 1987), 87.

habilidade de comunicação e julgamentos adquiridos através de longa experiência não eram peculiares à medicina; astrônomos e outros observadores se voltavam cada vez mais para métodos estatísticos – quanto mais mecânicos, melhor – para padronizar seus resultados em formas imediatamente acessíveis a outros.[54] O resultado nítido era frequentemente uma perda de informação preciosa que previamente era parte integral do relato observacional – se o observador sofria de um resfriado, se o telescópio estava balançando, se o ar estava agitado –, mas informação muito particular a uma pessoa e lugar para se enquadrar à rigidez da objetividade aperspectivística.

Conclusão: A História Moral da Objetividade

Espero, tendo chegado até aqui, ter deixado claros quatro pontos no que diz respeito à história da objetividade aperspectivística: primeiro, que ela não constitui o todo da objetividade e que suas relações com outros aspectos da objetividade (por exemplo, o ontológico) são conceitual e historicamente problemáticas; segundo, que sua primeira morada conceitual foi na estética e na filosofia moral, não nas ciências naturais, a despeito de nossas associações correntes; terceiro, que quando ela emigrou para a ciência, em meados do século XIX, ela o fez devido a vastas mudanças na organização da ciência, tanto em nível global quanto local; e quarto, que a adoção da objetividade aperspectivística como ideal científico não foi livre de custos. Deixei muitas questões sem resposta, entre elas especialmente como a objetividade aperspectivística veio a se fundir com outros sentidos de objetividade em um conceito singular e ao mesmo tempo plural. Por que, por exemplo, o conhecimento público – observações mais facilmente comunicáveis para e replicadas pelo maior número possível de pessoas – deveria fazer a afirmação metafísica de que seria o mais próximo da verdade? Estes são problemas intrincados que demandariam um artigo com pelo menos o dobro de extensão desse; o melhor que posso fazer aqui é marcá-los *como* problemas.

Gostaria de concluir com uma reflexão acerca do aspecto moral da objetividade aperspectivística. Ninguém familiarizado com sua literatura passada e presente pode ignorar seu tom admirável e prescritivo. Para estes autores, há uma certa nobreza no abandono do que é pessoal, um sacrifício do si-mesmo pelo coletivo – se não pelo bem coletivo, pelo menos por uma

---

[54] Ver Swijtink, "Objectification", op. cit. nota 32, quanto ao tratamento estatístico de anomalias, e Desrosieres & Thevenot, *Catégories*, op. cit. nota 33, sobre as sutilezas do código estatístico.

compreensão coletiva. Deve-se notar que estes são fundamentos totalmente diferentes para o aplauso moral daqueles de Adam Smith e dos filósofos morais do século XVIII, embora os mesmos termos, "desapego" e "imparcialidade", sejam frequentemente evocados. Smith, lembremos, atribuía a cientistas e matemáticos certa indiferença admirável quanto à opinião pública: firmes no conhecimento de que seu trabalho seria, em última instância, estimado pelo seu real valor, eles eram imunes aos caprichos da crítica contemporânea. O desapego requerido dos cientistas pela objetividade aperspectivística era consideravelmente mais extenuante: cientistas devem não apenas esperar pelo reconhecimento; eles devem agora abandonar o reconhecimento completamente. Ernest Renan capturou o aspecto de autonegação da objetividade aperspectivística:

> Sua meta [do cientista] não é ser lido, mas inserir uma pedra no grande edifício... a vida do cientista pode ser resumida em dois ou três resultados, cuja expressão irá ocupar apenas umas poucas linhas ou desaparecer completamente em formulações mais avançadas.[55]

Claude Bernard exortava os cientistas a enterrar o próprio orgulho e vaidade de modo a "unir nossos esforços, ao invés de os dividir ou anular devido a disputas pessoais",[56] pois todos os cientistas são, no fim das contas, iguais em seu anonimato:

> Nesta fusão [de verdades particulares em verdades gerais], os nomes de promotores da ciência desaparecem aos poucos, e quanto mais a ciência avança, mais ela exige uma forma impessoal e se afasta do passado.[57]

Não há dúvidas de que estas afirmações aparentadas evidenciam um ideal elevado ao invés de uma realidade sociológica: cientistas podem ter desistido de escrever na primeira pessoa do singular, mas não desistiram de assinar seus próprios artigos. Também há alguma justiça na acusação de que, ao enterrar suas identidades individuais no coletivo impessoal, os cientistas na verdade engrandeceram, ao invés de renunciarem, a sua autoridade social e intelectual. Mas este não é todo o sentido da demanda de autonegação da objetividade aperspectivística. Mesmo valores honrados apenas quando violados são, apesar disso, valores genuínos, refletindo escolhas e revelando atitudes. Ademais, os valores da objetividade aperspectivística deixaram traços visíveis na conduta dos cientistas, em sua cada vez mais forte preferência por métodos

---

[55] Renan, *Avenir*, op. cit. nota 37, 228.
[56] Bernard, *Introduction*, op. cit. nota 49, 39.
[57] Ibid., 42.

e observações mecanizadas, sua cada vez mais refinada divisão do trabalho científico e em seu foco cada vez mais exclusivo na comunicabilidade. Seria difícil explicar a força desses valores apelando apenas para a racionalidade ou interesse próprio, e igualmente difícil negar que a objetividade aperspectivística nunca perdeu todos os traços de suas origens na filosofia moral. Nos conselhos autonegadores da objetividade aperspectivística ainda reverbera a voz austera do dever moral, e é desse caráter moral, não de sua validade metafísica, que deriva muito de sua força. Os valores da objetividade perspectivística são inegavelmente curiosos e podem muito bem ter um mérito dúbio. Mas são inegavelmente valores morais, e devemos levar isso em consideração quando tentamos explicar como nosso confuso uso corrente da objetividade surgiu. A história da objetividade é uma história intelectual e social, mas também é uma história moral.

Este trabalho teve o apoio da US National Foundation Grant nº DIR-8911169. *Gostaria de agradecer a Peter Dear e Theodore Porter pelos comentários sobre uma versão anterior desse artigo.*

A ECONOMIA MORAL DA CIÊNCIA*

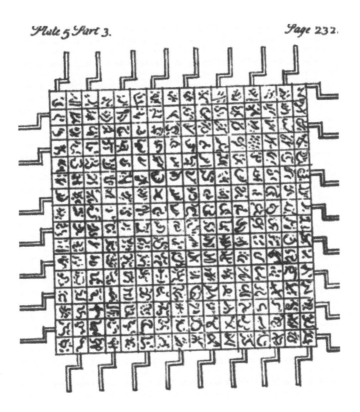

Uma economia moral é boa para que? Quantificação: uma paródia da "característica universal" de Leibniz foi supostamente usada na academia de Laputa para "escrever livros sobre filosofia, política, direito, matemática ou teologia sem a menor ajuda de talento ou estudo" – as manivelas eram utilizadas para criar várias sentenças. De Jonathan Swift, *As viagens de Guliver, Parte 3:* uma viagem a Laputa (Londres, 1726)

---

* Traduzido por Derley Menezes Alves. Texto originalmente publicado como: "The Moral Economy of Science". In: *Osiris*, vol. 10, "Constructing Knowledge in the History of Science", 1995, pp. 2-24.

1 – O QUE É UMA ECONOMIA MORAL?

> A mente vive no coração
> Como qualquer parasita.
> - Emily Dickinson, "A mente vive no coração"
> (*circa* 1876)

Somos herdeiros de uma antiga tradição que opõe a vida da mente à vida do coração, e de uma mais recente que opõe fatos a valores. Uma vez que a ciência em nossa cultura se tornou um exemplo de racionalidade e facticidade, sugerir que ela depende de modo essencial de constelações muito específicas de emoções e valores soa paradoxal. Emoções podem alimentar o trabalho científico oferecendo motivação, valores podem se infiltrar em produtos científicos como ideologia ou sustentá-los como normas institucionalizadas, mas nem emoções nem valores penetram o núcleo da ciência – tais são os limites que estas oposições habituais parecem ditar. O ideal de objetividade científica afirma atualmente, de modo insistente, a existência e impenetrabilidade desses limites. Afirmarei, entretanto, que não apenas a ciência tem o que chamarei de economia moral (na verdade, várias); estas economias morais são ademais constitutivas dos aspectos considerados comumente (e, penso eu, corretamente) mais característicos da ciência como modo de conhecimento. Dito de modo mais agudo e específico: certas formas de empirismo, quantificação e da própria objetividade não apenas são compatíveis com economias morais, elas exigem economias morais.[1]

O que exatamente é uma economia moral? Embora vários estudos recentes na história da ciência deem testemunho da existência e importância de economias morais, tais estudos ainda não se cristalizaram em torno de uma rubrica comum, tampouco gravitam em torno de um padrão comum[2]. Parte do

---

[1] Sou grata a John Carson e Nathan Reingold por apontarem que meu uso do termo *economia moral* difere significativamente daquele de E. P. Thompson em "The Moral Economy of The English Crowd in the Eingtheenth Century", *Past and Present*, Feb. 1971, No. 50, págs. 76-136, reimpresso em Thompson, *Customs in Common: Studies in Traditional Popular Culture* (Nova Iorque: New Press, 1991), págs. 185-258, junto com réplicas de críticos e reflexões posteriores, "The Moral Economy Reviewed", págs. 259-351. Meu uso aqui das "economias" dos afetos e valores tem pouco a ver com as descrições de Thompson dos mercados do milho e a tradição de "definir o preço" mediante persuasão ou revoltas, embora ele se valha de um sentido amplo de "noção legitimadora".

[2] Ver, p.ex. (esta lista não é, de modo algum, exaustiva), Owen Hannaway, "Laboratory Design and the Aim of Science: Andreas Libavius versus Tycho Brahe",

meu trabalho aqui será extrapolar implicações e tendências que me parecem unir estes estudos esparsos, e esclarecer suas contribuições para uma investigação nascente acerca das economias morais na ciência.[3] O que quero dizer por economia moral é uma rede de valores saturados de afeto que se sustentam e funcionam num relacionamento bem definido um com o outro. Neste uso, "moral" carrega todo seu complemento de ressonâncias setecentistas e oitocentistas: ele se refere, ao mesmo tempo, ao psicológico e ao normativo. Conforme observado décadas atrás por Gaston Bachelard, impregnar objetos ou ações com emoção é quase sempre uma forma de os valorizar e vice-versa.[4] Aqui, *economia* também tem um aspecto deliberadamente antiquado: não se refere a dinheiro, mercados, trabalho, produção e distribuição de recursos materiais, mas sim a um sistema organizado que apresenta certas regularidades, regularidades estas que são explicáveis, mas nem sempre previsíveis em seus detalhes. Uma economia moral é um sistema balanceado de forças emocionais, com pontos de equilíbrio e constrições. Embora seja uma coisa não necessária, contingente, maleável, uma economia moral tem certa lógica em sua composição e suas operações. Nem todas as combinações concebíveis de afetos e valores são de fato possíveis. Muito da estabilidade e integridade de uma economia moral deriva de seus vínculos com atividades, tais como as medidas de precisão ou o empirismo colaborativo, que a ancoram e entrincheiram, mas não a determinam.

Para nos ajudar a gravar os esboços da noção de economia moral pode ser melhor dizer o que ela *não* é. Não é uma questão de psicologia individual. Seja

---

Isis, 1986, 77:585-610; Theodore M. Porter, "Objectivity as Standardization: The Rhethoric of Impersonality in Mesurement, Statistics, and Cost-Benefits Analysis", *Annals of Scholarship*, 1992, 9:19-60; Porter, "Quantification and the Accounting Ideal in Science", *Social Studies of Science,* 1992, 22:633-652; Simon Schaffer, "Astronomers Mark Time: Discipline and the Personal Equation", *Science in Context,* 1988, 2:115-145; Schaffer, "A Manufactory of Ohms: The Integrity of Victorian Values", in *Invisible Connections: Instruments, Institutions, and Science,* ed. Robert Bud and Susan Cozzens (Bellingham, Walsh.: SPIE Press, 1992), págs. 23-56; Steven Shapin, "The House of Experiment in Seventeenth-Century England", *Isis*, 1988, 79:373-404; *Sci. Context*, 1991, 4:191-217; Lorraine Daston and Peter Galison, "The Image of Objectivity", *Representations,* 1992, 40:81-128 e Daston, "Objectivity And The Escape From Perspective", *Soc. Stud. Sci.,* 1992, 22:597-618. Agradeço aos autores que disponibilizaram versões para republicação de obras recentes quando estava preparando este ensaio.

3 Eu assumi essa tarefa com considerável desconfiança, dados os riscos óbvios de má interpretação e apropriação indevida. Os estudos que devo apresentar aqui serviram de inspiração para minha análise, mas seus autores são completamente isentos de qualquer responsabilidade sobre tal análise.

4 Ver, p.ex., Gaston Bacheard, "Libido et connaissance objective", *La Formation de l'esprit scientifique* (1938), 14ª ed. (Paris: Vrin, 1989), pág. 183-209.

qual for e quão veemente sejam suas outras diferenças confessionais, historiadores, sociólogos e filósofos da ciência compartilham certo horror do psicológico, assim chamado apropriadamente, e confesso que eu não sou exceção a esta hostilidade geral. Os historiadores olham com desconfiança para as supostas verdades eternas da mente, exatamente porque são alegadamente eternas; sociólogos, lembrando as advertências de Auguste Comte e Emile Durkheim, rosnam para o individualismo isolado de grande parte da psicologia corrente, incluindo a chamada "psicologia social"; os filósofos, pós-Frege, põem a palavra "psicológico" em suas bocas apenas como um epíteto, como uma prova *ipso facto* de que o problema ou explicação em mãos nada tem a ver com a filosofia genuína.[5] Embora economias morais sejam sobre estados mentais, estes são os estados mentais de coletivos, no caso coletivos de cientistas, não de indivíduos solitários. Para ampliar a terminologia de Ludwik Fleck, o sentido aqui é um *Gefühls* – bem como um *Denkkollektiv*[6] [coletivo de sentimento e coletivo de pensamento]. No aprendizado em escolas de ciência, o neófito aprende modos de sentir, bem como modos de ver, manipular e compreender. Esta é uma psicologia no nível de culturas inteiras, ou pelo menos subculturas, uma que se enraíza dentro e é moldada por circunstâncias históricas particulares.[7] Eu espero que a coletividade e a particularidade das economias mentais possam, em alguma medida, amenizar as suspeitas de sociólogos e historiadores, respectivamente; retomarei as preocupações dos filósofos na conclusão.

---

[5] Entre as notáveis exceções a este desdém geral pelo psicológico dentro da história da ciência está Ryan D. Tweney, "Faraday's Discovery of Induction: A Cognitive Approach", em *Faraday Rediscovered: Essays on the Life and Work of Michael Faraday, 1791-1867*, ed. David Gooding and Frank James (London: Macmillan, 1985), pág. 189-209. A onda recente de interesse entre filósofos da ciência por aproximações importadas da ciência cognitiva não contradiz seu desgosto geral pela psicologia. Filósofos foram repelidos antes não só porque a psicologia cheirava a "irracional", mas também porque a perspectiva psicológica parecia-lhes perigosamente invertebrada, carente por completo de uma estrutura coerente. Embora a ciência cognitiva tenha feito pouco para reabilitar a racionalidade da mente, ela oferece estruturas abundantemente.

[6] Fleck de fato enfatizou que tanto emoções quanto conceitos eram partilhados pelos membros de coletivos de pensamento científico, e sugeriu que foi apenas a unanimidade de sentimento que criou a ilusão de uma libertação em relação às emoções: Ludwik Fleck, *Genesis and Development of a Scientific Fact* (1935); ed. Thaddeus Trenn and Robert K. Merton; trans. Fred Bradley and Thaddeus Trenn (Chicago/London: Univ. Chicago Press, 1979), p. 49.

[7] Tenho em mente a formação gradual de uma personalidade coletiva aparentada com (e, como já se verá, as vezes idêntica) ao "processo civilizador" de Norbert Elias: ver Elias, "Synopsis: Towards a Theory of Civilizing Processes", in *Power and Civility*, Vol. II of *The Civilizing Process* (1939), trans. Edmund Jephcott (Nova Iorque: Pantheon, 1982), pág. 229-333.

Tampouco uma economia moral está confinada ao nível da motivação, seja estimulando indivíduos a seguir carreiras científicas ou persuadindo a sociedade que a ciência é digna de ser financiada e encorajada. Uma vez que motivações de ambos os tipos tem sido uma das principais áreas para a discussão dos valores nos *science studies*, pode ser tentador assimilá-los às economias morais. Devemos, entretanto, resistir a tal tentação. Os estudos clássicos sobre como valores, predominantemente valores religiosos, motivam tanto indivíduos quanto sociedades a buscar a ciência conferem a estes valores, na melhor das hipóteses, um papel neutro e, na pior, um papel negativo no que diz respeito às formas e ao conteúdo das asserções e métodos científicos. O estudo pioneiro de Robert Merton, *Science, Technology and Society in Seventeenth-Century England*, bem como seu trabalho posterior em sociologia da ciência apresenta uma alternativa neutra: o desejo fervoroso de um Inglês do século XVII de glorificar a Deus através da investigação de Suas obras pode movê-lo em direção a uma carreira em filosofia natural; o desejo igualmente fervoroso de sua contraparte do século XX de ganhar a opinião de um grupo seleto dos pares pode impulsioná-lo rumo a uma carreira científica. No nível macroscópico, utilitarismo, piedade, ou outros valores culturais podem reforçar o prestígio e o financiamento da ciência e mesmo elevar alguns tipos de ciência acima de outros. Mas nenhum desses valores colide com modos científicos de conhecimento. Como Steven Shapin aponta em um lúcido e recente ensaio sobre a recepção da tese de Merton: "Para Merton, o *explanandum* não era de forma alguma o método científico ou conhecimento científico: as dinâmicas e a posição social do empreendimento científico é que eram concebidas em si mesmas como uma caixa preta".[8] As economias morais pertencem ao interior da caixa preta de Merton. O exemplo notável da alternativa negativa também trata religião e ciência na Inglaterra do século XVII, e nos apresenta o que ainda são algumas das leituras mais primorosas e inteligentes sobre como o padrão mental e de alma do virtuoso cristão o inclinava para a filosofia natural. R. S. Westfall se preocupava, entretanto, não somente com a sombra da reverência religiosa na dedicação científica, mas também com a interação entre doutrinas teológicas com aquelas da filosofia natural. Quando estas doutrinas colidiram, conforme Westfall acredita que elas fizeram na questão dos milagres e providências, o único papel para os valores era o de encobrir contradições e fomentar inconsistências.[9] Valores podiam se

---

[8] Steven Shapin, "Understanding the Merton Thesis", *Isis*, 79:594-605, na página 595. A obra de Merton foi originalmente publicada em *Osiris*, 1938, 4:360-632; rpt. (Nova Iorque: Harper Torchbooks, 1970).

[9] Richard S. Westfall, *Science and Religion in Seventeenth-Century England* (New Haven: Yale Univ. Press, 1958), pág. 90 et passim; para as leituras inteligentes ver, p.

misturar com conhecimento científico, mas apenas como uma impureza. Economias morais, ao contrário, são partes integrais da ciência: de suas fontes de inspiração, suas escolhas de temas e procedimentos, a peneira da evidência e seus padrões de explicação.

Podemos dizer o mesmo a propósito da relação entre economias morais e ideologia na ciência. Este é o outro *locus* clássico do como e por que valores entram na ciência, desta vez abrindo a caixa preta das presunções e afirmações científicas, tratando-a como uma caixa de Pandora.[10] Enquanto que as economias morais moralizam cientistas, ideologias moralizam a natureza a serviço de interesses sociais. Os numerosos estudos de caso neste gênero evoluíram de uma gama de tentativas fragmentadas de desmascarar esta ou aquela afirmação científica como uma peça de interesse político disfarçada de fato natural, para exposições sistemáticas de toda a ciência como uma "construção social", laboriosa e talvez clandestinamente construída a partir de interesses, recursos e negociações. Porque em principio envolve toda a ciência, não apenas esta ou aquela afirmação contaminada, o programa social-construcionista chega perto de reconhecer o papel integral dos valores no trabalho cientifico e em seus produtos: valores não distorcem a ciência; eles são a ciência. É por isso que os anais deste programa oferecem algum dos mais intrigantes *insights* para o estudo da economia moral da ciência.

Entretanto, porque o construcionismo social se concentra principalmente em interesses, sejam eles políticos, sociais ou econômicos, e sobre o trabalho (oculto), ele retém algo do caráter escandaloso das revelações mais convencionais sobre ideologia na ciência.[11] Por contraste, examinar uma economia moral da ciência pode tornar estranhos, mas raramente desonestos, procedimentos científicos familiares, tais como a quantificação. Na medida em que o estudo das economias morais na ciência é sobre poder, é o poder de tipo foucaultiano internalizado, microscópico ao invés do tipo político (marcial),

---

ex., págs. 27-28.

[10] Talvez os mais desafiadores na atual onda de estudos sobre ideologia-e-ciência sejam aqueles que lidam com as explicações científicas sobre gênero: ver, p. ex. G.E.R. Loyd, *Science, Folklore, and Ideology* (Cambridge: Cambridge Univ. Press, 1983); Ludmilla Jordanova, *Sexual Visions: Images of Gender in Science and Medicine between the Eighteenth and Twentieth Centuries* (Madison: Univ. Wisconsin Press, 1989); Londa Schiebinger, *The Mind Has no Sex? Women in the Origens of Modern Science* (Cambridge, Mass.: Harvard Univ. Press, 1989); and Cynthia Eagle Russet, *Sexual Science: The Victorian Construction of Womanhood* (Cambridge, Mass.: Harvard Univ. Press, 1989).

[11] Para uma visão mais sanguínea de como a ciência construída socialmente ou cheia de ideologia pode as vezes contar como uma realização intelectual ao invés de uma distorção, ver M. Norton Wise, "Meditating Machines", *Sci. Context*, 1988, 2:77-113.

externalizado.¹² Em outras palavras, a economia moral da ciência é mais sobre autodisciplina do que coerção. Além disso, como os construcionistas sociais geralmente entendem valores como interesses velados, eles raramente se preocupam em explorar as ligações entre valores e afetos, a não ser que estes afetos tenham um caráter ou influência abertamente social. O termo "social" enfatizado no programa social construcionista se refere não somente aos componentes sociais disfarçados dos quais a ciência é supostamente composta, mas também aos usos sociais aos quais a ciência é colocada a serviço. O tráfego flui em ambos os sentidos na bifurcação ciência-sociedade. Economias morais, por seu turno, tendem a ser casos de mão única. Embora economias morais na ciência rotineiramente e com liberalidade se utilizem dos valores e afetos da cultura ao seu redor, retrabalhar seus resultados usualmente torna-se propriedade peculiar dos cientistas. Traços dos modelos culturais originais – por exemplo, a simplicidade, dedicação e humildade dos santos cristãos ou a inocência não-mundana do idílio pastoral – estão prontos para uso, e podem ser evocadas pelos porta-vozes das ciências para ganhar aprovação pública e amparo. Mas as formas últimas que as economias morais assumem dentro da ciência, e as funções a que servem, são propriedade da ciência.¹³

Por fim, economias morais não são normas mertonianas, embora aqui mais uma vez haja uma fugaz semelhança. Merton define o *"ethos da ciência"* como "aquele complexo de valores e normas efetivamente harmonizados que são obrigatórios para o homem de ciência...estes imperativos, transmitidos pelo ensino e exemplo e reforçado por sanções, são em várias gradações internalizados pelo cientista, moldando assim sua consciência científica ou, se você preferir a frase da moda, seu superego".¹⁴ Entretanto, as normas bem conhecidas do universalismo, comunismo, desinteresse e ceticismo

---

12   Ver Michel Foucault, *Discipline and Punish: The Birth of the Prison* (1975), trad. A. Sheridan (Nova Iorque: Pantheon, 1977); cf. Elias, "Civilizing Processes" (cit. n. 7), pp 240-242. Para a visão do poder como coercitivo, mesmo belicoso na ciência ver Bruno Latour, *Science in Action: How to Follow Scientists and Engineers through Society* (Cambridge, Mass.: Harvard Univ. Press, 1987).
13   Sobre a evocação desses modelos nos elogios da academia francesa ver Dorinda Outram, "The Language of Natural Power: The Eloges of Georges Cuvier and the Public Language of Nineteenth-Century", *History of Science*, 1978, 16:153-178; ver também Suzanne Delorme, "La vie scientifique à l'époque de Fontenelle après les éloges des savants", *Archeion*, 1937, 19:217-235; e Charles B. Paul, *Science and Immortality: The Eloges of the Paris Academy of Sciences (1699-1791)* (Berkeley: Univ. California Press, 1980), esp. Pp. 90-94.
14   Robert K. Merton, "The Normative Structure of Science", reimpresso em *The Sociology of Science: Theoretical and Empirical Investigations,* ed. Norman Storer (Chicago/London: Univ. Chicago Press, 1973), pp. 267-278, e pp. 268-269. Originalmente publicado como "Science and Technology in a Democratic Order", *Journal of Legal and Political Sociology,* 1942, 1:115-126.

organizado, embora "formalmente eficaz", representam para Merton "um aspecto limitado da ciência como instituição", tão cuidadosamente barrados dos "métodos característicos" e do "estoque de conhecimento acumulado" da ciência, como as motivações foram cuidadosamente barradas em sua obra histórica. Além disso, estas normas eram, uma vez estabelecidas, imunes aos caprichos da história e às pressões do contexto, pois elas eram no final aplicadas não pela consciência humana, mas pela natureza. Cientistas podem até violar as normas do universalismo ou comunismo, desde que assumam o risco, pois elas foram garantidas não apenas por sanções humanas, mas também por leis naturais, uniformes e inexoráveis. A despeito desta alegada base metafísica, um punhado de *exposés* científicos, seguidos por uma geração digna de estudos contextuais na história da ciência, aparentemente representam uma refutação empírica das normas de Merton, pois aqui haviam testemunhos cândidos de que violações poderiam produzir ciência de primeira magnitude.[15] Em contraste com normas mertonianas, economias morais são historicamente criadas, modificadas e destruídas; impostas pela cultura ao invés da natureza e, portanto, igualmente mutáveis e violáveis; e essenciais aos modos científicos do conhecimento.

Definir uma entidade seja diretamente, seja por contraste, como tentei fazer acima fornece poucas provas de que tais entidades existem, bem como de seu significado. Economias morais existem realmente e, caso sim, elas são boas para que? Estes são desafios que só podem ser enfrentados através de exemplos, não de definições. Na próxima seção examinarei três exemplos de como economias morais estruturaram aspectos chave de como cientistas vêm a conhecer: quantificação, empirismo e objetividade.

2 – UMA ECONOMIA MORAL É BOA PARA QUE? QUANTIFICAÇÃO

> *O excesso de precisão no reino da quantidade corresponde precisamente ao excesso de pitoresco no reino da qualidade.*
>
> - Gaston Bachelard, *La formation de l'esprit scientifique* (1938)

Quantificação é um termo guarda-chuva que abriga uma multidão de significados. É por conta de nosso fetichismo numérico que raramente façamos

---

[15] O mais espetacular desses *exposés* foi James D. Warson, *The Double Helix: A Personal Account of the Discovery os the Structure of DNA* (Nova Iorque: New American Library, 1968); para reações, ver Watson, *The Double Helix*, incluindo texto, comentários, resenhas, artigos originais, ed. Gunther Stent (Nova Iorque: W. W. Norton, 1980), pp. 161-234. Ver também Nico Stehr, "The Ethos of Science Revisited: Social and Cognitive Norms", in *The Sociology of Science: Problems, Approaches, and Research;* ed. Jerry Gaston (San Francisco: Jossey-Bass, 1978), pp. 172-196.

distinções entre eles. Historiadores da ciência rotineiramente usam-no para se referir a modelos matemáticos abstratos que podem ou não ser ligados a medições ou mesmo observações (por exemplo, a doutrina da latitude das formas de Nicole Oresme, ou as probabilidades da evidência legal de Jakob Bernoulli); medições que podem ou não se conectar com modelos matemáticos dos fenômenos sob escrutínio (por exemplo, as pesquisas fisiológicas de Stephen Hales); contagem direta (por exemplo, quase toda estatística descritiva); estimativas que não se baseiam em medições nem em teoria (por exemplo, muitos dos números na política aritmética de William Petty); métodos de representação e análise de dados (por exemplo, gráficos e tabelas ou o método dos mínimos quadrados); e a criação de novas entidades (por exemplo, índices numéricos como o produto interno bruto). O denominador comum (por assim dizer) em todos estes usos nem mesmo são números, pois muitos exemplos históricos de quantificação nas ciências têm sido puramente geométricos: quando Galileu afirmou n'*O Ensaiador* (1623) que o livro da natureza fora escrito com "triângulos, círculos e outras figuras geométricas", ele provavelmente entendia estas figuras num sentido muito estrito.

Em meio a esta pluralidade de formas assumidas pela quantificação científica, apenas algumas aspiraram à precisão, ou seja, a uma aproximação precisa entre a matemática e um conjunto determinado de fenômenos, embora esta seja a virtude mais observada e elogiada pelos historiadores. Outras virtudes matemáticas promovidas por quantificadores de várias estirpes incluem precisão, comunicabilidade e imparcialidade, todas podendo ser claramente separadas da exatidão. Por exemplo, em 1699 o matemático inglês John Craig calculou a data do milênio (ano 3150, quando a credibilidade do Novo Testamento decai completamente) baseado em suposições sobre a probabilidade do testemunho humano, ou quando G. W. Leibniz proclamou (com um otimismo de tirar o fôlego) que seria necessário um time com menos de 5 estudiosos para construir uma Característica Universal combinando números com ideias e operações aritméticas com processos de pensamento, eles tinham como meta primária o conhecimento preciso, e apenas secundariamente o conhecimento exato.[16] Exatidão diz respeito ao encaixe perfeito entre números ou magnitudes geométricas e alguma parte do mundo e pressupõe que um modelo matemático pode ancorar-se em medições; precisão diz respeito à claridade, distinção e clareza de conceitos, e, por si mesma, nada estipula sobre se e como tais conceitos correspondem ao mundo. Embora a

---

[16] John Craig, *Theologiae christianae principia matematica* (London, 1699); e Gottfried Wilhelm Leibniz, "Towards a Universal Characteristic" (1677), in *Leibniz Selections*, ed. Philip Wiener (Nova Iorque: Scribners, 1951), pp. 22-23.

busca por precisão como objetivo em si mesmo seja distintiva de uma grande porção da quantificação no começo da modernidade, em parte graças a uma explicação amplamente psicológica das bases para a certeza matemática, de modo algum ela está extinta entre quantificadores posteriores.[17]

Os cultos da comunicabilidade e imparcialidade – de novo, com ou sem exatidão – também tem uma história quase contínua nas ciências bem como na vida pública desde o século XVII até o presente. Estas virtudes quantificadoras frequentemente trabalham em conjunto, normalmente até o fim de longas controvérsias e um consenso convincente. Mesmo quando nem medições nem estatísticas estavam disponíveis, quantificadores da, digamos, produtividade da Holanda ou da eficiência da vacina contra a varíola, defendiam a clareza e comunicabilidade superior dos números, favoravelmente contrastadas às "palavras meramente comparativas e superlativas, bem como [aos] argumentos intelectuais".[18] Leibniz afirmava que a falta de clareza estava na raiz de quase todas as controvérsias e poderia, portanto, ser curada mediante uma boa dose de números: "Não devemos nos surpreender, pois, com o fato de que a maioria das disputas surge da falta de clareza nas coisas, ou seja, da falha em reduzi-las a números".[19] Embora tais tentativas de silenciar o dissenso através da quantificação fossem (e ainda são) ocasionalmente parasitárias da alardeada certeza das demonstrações e operações matemáticas, seu apelo dominante era para o consenso alcançado mediante a comunicação e, portanto, pelo entendimento partilhado, ao invés de ser pela necessidade da demonstração. Mesmo quando a verdade do assunto não estava ao alcance, números poderiam ser inventados, espalhados para correspondentes em casa e no exterior, e, acima de tudo, mentalmente compartilhados: você e eu podemos discordar sobre a exatidão e as implicações de um certo conjunto de números, mas entendemos por eles a mesma coisa.

A economia moral desta forma de quantificação é sociável mas intolerante quanto a desvios, e não surpreende que ela floresça em condições de autoridade fraca ou confusa – por exemplo, a contestada autoridade intelectual da filosofia natural dos séculos XVI e XVII, ou, como demonstrado por Theodore Porter recentemente, a contestada autoridade política das democracias pluralistas do século XX.[20] Em ambos os casos, o objetivo da

---

[17] Ver, por exemplo, René Thom, "Mathématique et théorisation scientifique", in *Penser les mathématiques,* ed. Francois Guénard and Gilbert Lelièvre (Paris: Editions de Seuil, 1982), pp. 252-273.
[18] William Petty, *Political Arithmetick* (London, 1690), prefácio.
[19] Leibniz, "Universal Characteristic" (cit. n. 16), pag. 24; cf. seus planos para uma linguagem "sem equívocos ou ambiguidades", "Preface to the General Science" (1677), in *Leibniz Selections,* ed. Wiener (cit. n. 16), pag. 16.
[20] Porter, "Objectivity and Standardization" (cit. n. 2).

quantificação não é assegurar convicção individual, mas sim assegurar a aquiescência de um eleitorado diverso e fragmentado. Ou seja, a política cientifica que aprecia a quantificação é, não apenas coletiva, mas também aquela cujos membros podem diferir um do outro em nacionalidade, habilidades, treinamento, suposições ou recursos materiais como equipamento laboratorial ou escritórios de estatística. É perfeitamente possível imaginar e dar exemplos históricos de ideais e práticas científicas que preferiram o sábio solitário ao coletivo, ou um coletivo mais homogêneo e local que não precisava recorrer a técnicas de quantificação minimalistas e que produziam perda de informação de modo a comunicar e persuadir. Pois a quantificação, não importa quão cuidadosa e detalhada, é necessariamente uma peneira: caso não peneire conhecimento local, tais como habilidades individuais e experiência, e condições locais, como marcas de instrumentos ou grau de umidade, ela perderia sua portabilidade.[21] O compromisso moral com uma certa forma de sociabilidade entre colegas que talvez nunca se encontrem cara a cara deve ser forte de modo a controlar a perda de tantos detalhes duramente conquistados.[22] Em parte, devemos ao apagamento sistemático destes detalhes em favor de uma sociabilidade estendida a impressão de uniformidade da natureza: invertendo Merton, a uniformidade da natureza pressupõe universalismo entre cientistas, e não o contrário.

Entre as pré-condições para esta sociabilidade distante estão as sempre citadas imparcialidade e impessoalidade dos resultados e procedimentos quantificados. Estas qualidades podem florescer mesmo na ausência da exatidão, e são, de fato, muito mais valorizadas quando esta parece inalcançável. A imparcialidade é, antes de tudo, uma virtude jurídica, não

---

21 Ibid. o mesmo é verdade, *mutatis mutandis*, acerca das condições para replicar resultados empíricos: quanto a discordância que segue quando aspectos do conhecimento local (p. ex., um certo tipo de prisma) não são omitidos, ver Simon Schaffer, "Glass Works: Newton's Prism and the Uses of Experiment", in: *The Uses of Experiment: Studies in the Natural Sciences,* ed. David Gooding, Trevor Pinch e Simon Schaffer (Cambridge: Cambridge Univ. Press, 1989), págs. 67-104. Sobre o ideal do intelectual solitário, ver Steven Shapin, "Mind in Its Own Place" (cit. n. 2); ver também Martin Warnke, "Das Bild des Gelehrten im 17 Jahrhundert", em *Res publica litteraria: Die Institutionen der Gelehrsamkeit in der frühen Neuzeit,* ed. Sebastien Neumeister e Conrad Wiedemann (Wolfenbüttler Arbeiten zur Barockforschung, 14) (Wiesbaden: Otto Harrasowitz, 1987), Parte I, págs. 1-34. Para um coletivo que valorizava detalhes acima da reprodutibilidade ou comunicabilidade, ver Lorraine Daston, "The Cold Light of Facts and the Facts of Cold Light: Luminescence and the Transformation of the Scientific Fact, 1600-1750", *Early Modern France,* no prelo; ver também Steven Shapin, "Robert Boyle and Mathematics: Reality, Representation, and Experimental Practice", *Sci. Context,* 1988, 2:23-58.

22 Quanto a origem desta forma de sociabilidade entre intelectuais europeus ver Lorraine Daston, "The Ideal and Reality of the Republic of Letters in the Enlightenment", *Sci. Context,* 1991, 4: 367-386.

científica, e muito mais um pré-requisito "para" do que uma garantia da verdade de um veredito. De modo similar, não há razão a priori para se acreditar que a eliminação de tudo que é idiossincrático limparia o caminho para o "realmente real": se a idiossincrasia em questão é a habilidade, deve-se esperar o oposto. O ponto aqui é que impessoalidade e imparcialidade são cultivadas por quantificadores tanto por razões morais quanto funcionais. É proverbial que ambas exijam uma obediente autonegação, bem como a repressão de individualidade e interesses, e nenhuma advém de procedimentos e resultados quantificados. "Números sem rosto" irradiam bastante personalidade nas mãos de numerólogos e cabalistas; as chicanas praticadas com a estatística são bastante familiares. A abstração sozinha não elimina todos os traços de individualidade e interesse, e a história da matemática aplicada, particularmente matemática social, está repleta de exemplos de imparcialidade parcial.[23] Impessoalidade e imparcialidade em quantificação podem ser melhor concebidas como um *continuum*, mais ou menos alcançado graças a um esforço de constrição autoimposto e não devido às propriedades inerentes aos próprios números. Praticar a forma de quantificação que rompe os limites de linguagem, confissão, nacionalidade e alinhamentos teóricos exige que os quantificadores voluntariamente restrinjam sua esfera de atuação. Eles também devem sacrificar alguns dos sentidos vinculados a números e técnicas: os sucessores de Johannes Kepler despiram suas leis de sua aura pitagórica; os sucessores de Adolphe Quetelet descartaram seu entendimento normativo da curva normal. Em outras palavras, a escolha de uma forma estendida de sociabilidade científica incorre em certas formas de obrigação e disciplina morais: o controle do julgamento, a submissão a regras, a redução dos significados – aquilo que Bachelard chamou uma vez de "aquele ascetismo que é o pensamento abstrato".[24] As afinidades e, indiscutivelmente, as origens desse *ethos* são burocráticas, apelando para a rígida racionalidade das regras, conscienciosamente cegas paras variações de pessoa ou situação.[25] Esta é uma economia moral das várias formas de quantificação.

Quando preocupações a respeito da precisão e da exatidão se combinam na empresa das mensurações de precisão, a economia moral toma outra forma. Enquanto que a quantificação da precisão sozinha almeja a impessoalidade a serviço de uma coletividade, a quantificação das mensurações de precisão almeja a integridade, por vezes a despeito da coletividade. Quanto mais precisa

---

[23] Ver, p. ex., Donald A. Mackenzie, *Statistics in Britain, 1865-1930: The Social Construction of Scientific Knowledge* (Edinburgh: Edinburgh Univ. Press, 1981).

[24] Gaston Bachelard, "Les Obstacles de la connaissance quantitative", *La formation de l'esprit scientifique* (cit. n. 4), págs. 211-238, na pág. 237.

[25] Gerd Gigerenzer *et al.*, *The Empire of Chance: How Probability Changed Science and Everyday Life* (Cambridge: Cambridge Univ. Press, 1989) págs. 236-237; ver também Porter, "Objectivity and Standardization" (cit. n. 2).

a medida, mais ela se torna uma realização solitária daquele que mensurou, ao invés da propriedade comum e replicável do grupo. Nem toda mensuração científica aspira à precisão: Robert Hooke, por exemplo, recomendava a matemática para o filósofo natural porque ela "acostuma a mente a um modo mais estrito de raciocinar, a um modo mais exato e exigente de examinar e a um modo mais acurado de investigar a natureza das coisas". Mas ele não requeria "exatidão matemática" de suas mensurações, "pois descobrimos que a natureza em si mesma não determina exatamente suas operações, mas permite uma abertura em quase todas as suas obras, embora...pareça restrita a certos limites". A crença em uma determinação definida da natureza cresceu lentamente, e o culto científico da mensuração de precisão, com seus ritos de fabricação de instrumentos e análise de erros emergiu somente no século XIX.[26]

Com a mensuração de precisão emergiu um tipo bem diferente de economia moral da quantificação, tão séria quanto a anterior em seu apelo por autodisciplina, mas uma autodisciplina direcionada para diferentes fins. Esta é a autodisciplina da cautela e atenção fastidiosa para com os detalhes, a prudência diligente do registro em relatório. Em seu sofisticado e recente estudo sobre o seminário de física de Paul Neumann em Königsberg, Kathryn Olesko mostra como o "*ethos* da exatidão" evoluiu na astronomia, geodésica e física experimental da Alemanha e como este foi inculcado pelas práticas, particularmente a da análise de erros, ensinada no seminário de Neumann. Os iniciados de Königsberg tinham escrúpulos de representar suas medições na forma de gráficos, pois eles desconfiavam de valores interpolados não-observados. Eles verificavam cautelosamente os resultados dos colegas, de acordo com os já conhecidos cuidado e diligência do experimentador. Eles rejeitavam generalizações teóricas, convencidos de que os dados não foram suficientemente purgados de erros. Em contraste com a economia moral da precisão *tout court*, aquela da mensuração de precisão cultivava certas idiossincrasias pessoais, nomeadamente aquelas das habilidades e, especialmente, os traços característicos da diligência, enfado, rigor e cautela. Tampouco a sociabilidade figurava com proeminência em seu credo. Embora os devotos da mensuração de precisão nunca tenham pretendido se retirar da comunidade científica, o rigor de sua fé efetivamente os isolava, até mesmo dos

---

26 Robert Hooke, "A General Scheme of the Present State of Natural Philosophy, and How its Defects may be Remedied By a Methodical Proceeding in the making Experiments and collecting Observations", em *The Posthumous Works of Robert Hooke* (1705), ed. Richard Waller, com uma introdução de Richard S. Westfall (Nova Iorque/London: Johnson Reprint, 1969), págs. 19, 38. Sobre as precondições e a indiferença relativa para com as medidas de precisão na ciência do século XVIII, ver Maurice Daumas, "Precision of Measurement and Physical and Chemical Research in the Eighteenth Century", em *Scientific Change*, ed. A. C. Crombie (London: Heinemann, 1963), págs. 418-430.

experimentalistas, para não mencionar os teóricos, pois todas as mensurações estavam em princípio sujeitas a revisão, correção, aprimoração. Buscar o "dever" de aperfeiçoar a precisão leva a percebida incomensurabilidade dos resultados experimentais.[27]

Esta talvez seja uma expressão patológica da economia moral da mensuração de precisão, mas como tantas patologias, simplesmente um exagero dos mesmos valores e afetos que sustentam a mensuração de precisão sob condições morais normais. Olesko identifica corretamente a integridade como a virtude cardinal da mensuração de precisão, simultaneamente aplicada ao caráter dos mensuradores e a qualidade das mensurações.[28] Paradoxalmente, a integridade por vezes oscila no limite da desintegração: a desintegração de uma curva suave em pontos de dados discretos, a desintegração de um conjunto aparentemente uniforme de mensurações, a desintegração dos elos entre experimento e teoria, a desintegração da coletividade científica.

3 – UMA ECONOMIA MORAL É BOA PARA QUE? EMPIRISMO

> "Próximo a *Arui* existem dois rios *Atoica* e *Caora*, e no ramo chamado *Caora* há uma nação de pessoas, cujas cabeças não aparecem sobre seus ombros que, embora possa ser pensado como mera fábula, de minha parte acredito resolutamente que seja verdade, porque toda criança nas províncias de Arromaia e Canuri afirmam o mesmo."
> - Sir Walter Raleigh, *The Discoverie of lare and bewtiful Empire of Guiana* (1596)

> Como aconteceu com um embaixador holandês que, entretendo o rei de Siam com particularidades da Holanda, que despertavam sua curiosidade, entre outras coisas contou a ele que a água em seu país às vezes, no tempo frio, ficava tão dura que os homens poderiam andar em cima dela, e que ela poderia sustentar um elefante, se tivesse um lá. Ao que o rei replicou, *Até agora vinha acreditando nas coisas estranhas que você está me contando, pois o tomava por um homem sóbrio e justo, mas agora estou certo de que mentes*".
> - John Locke, *Essay Concerning Human Understanding* (1690), Livro IV, Cap. 15, Sec. 5.

---

[27] Kathryn M. Olesko, *Physics as a Calling: Discipline and Practice in the Königsberg Seminar for Physics* (Ithaca, N. Y./London: Cornell Univ. Press, 1991), págs. 250-252, 287, 392-393, 378-386. Sobre a mensuração de precisão como questão de caráter, ver Schaffer, "Astronomers Mark Time" (cit. n. 2). Sobre os limites que considerações práticas e econômicas podem impor às tendências atomizantes da mensuração de precisão ver Crosbie Smith e M. Norton Wise, *Energy and Empire: A Biographical Study of Lord Kelvin* (Cambridge: Cambridge Univ. Press, 1989), págs. 684-722.

[28] Sobre a integridade dos valores, em ambos os sentidos de ambas as palavras, ver Schaffer, "Manufactory of Ohms" (cit. n. 2).

O empirismo é tão variado quanto a quantificação e correspondentemente fértil em economias morais. Aqui me limitarei a três aspectos distintos do empirismo da filosofia natural do século XVII: testemunho, facticidade e novidade. Todos se apoiam crucialmente em valores e afetos entrelaçados: testemunho sobre confiança, seletivamente estendido; facticidade sobre civilidade acadêmica; novidade sobre a reabilitação e transformação da curiosidade. Crítica para estes três aspectos foi a emergência de um novo entendimento da experiência na filosofia natural em meados do século XVII.

A filosofia natural aristotélica aspirava ao conhecimento causal, formulado em demonstrações sobre universais. É a história que lida com particulares, e esta é a razão pela qual a história é inferior não apenas à filosofia, mas também à poesia. Como Aristóteles explica na introdução ao *Das Partes dos Animais*, particulares ocupam a filosofia apenas como vias para generalizações e descobertas de causas. É um fato feliz que nossas mentes são construídas de modo a sintetizar universais a partir de particulares: "a percepção sensível diz respeito aos particulares, enquanto que o conhecimento depende do reconhecimento do universal".[29] Isto não quer dizer que a filosofia natural de Aristóteles não seja empírica, pois seus tratados de filosofia natural revelam nele um observador rigoroso e infatigável de uma variedade surpreendente de fenômenos. Entretanto, a experiência de Aristóteles era a experiência comum, "aquilo que é sempre ou que é na maioria das vezes".[30] O escolasticismo medieval teve vida muito longa e um variado conjunto de doutrinas para que admitamos qualquer tipo de generalização monolítica quanto ao sentido da experiência na filosofia natural; pode-se afirmar, porém, com certa cautela que grande parte das observações citadas eram na verdade sobre o que acontecia sempre ou na maioria das vezes e que estes universais da experiência serviam como axiomas para demonstrações escolásticas.

---

[29] Aristóteles, *Posterior Analytics,* 100a 10-15, 87b 37-39, tradução das *The Complete Works of Aristotle,* ed. Jonathan Barnes, 2 vols. (Princeton: Princeton Univ. Press, 1984). Ver também *Poetics,* 1451b 1-7 e *On the Parts of Animals,* 639ª 13-640a 10.

[30] Aristóteles, *Metaphysics,* 1027a 20-27.

Empirismo: Este blemmye de um manuscrito medieval sobre as raças monstruosas do Oriente parece muito com a descrição de Sir Walter Raleigh, de segunda mão, sobre o povo de Caora. De MS Cotton Tiberius B.v., folio 82a; cortesia da British Library, Londres.

Peter Dear afirma que, durante o século XVII, a filosofia natural gradualmente abandonou os universais em favor dos particulares enquanto forma primária da experiência científica.[31] Eventos específicos, descritos como narrativas na primeira pessoa do singular, com detalhes sobre quem viu o que quando e onde, substituíram generalizações universais. Estes particulares eram publicados em número cada vez maior de artigos curtos e semiepistolares em jovens revistas científicas como *Journal des Savants, Philosophical Transactions of the Royal Society of London* e *Histoires et Mémoires de l'Académie des Sciences de Paris* e a *Acta Eruditorum* ao invés de tratados longos e sistemáticos. Tendo em vista que a experiência da filosofia natural foi transformada em eventos discretos e específicos, previamente considerados o estofo da história, sua credibilidade era avaliada mediante meios históricos (e legais) tradicionais: ou seja, por uma multidão de

---

[31] Peter Dear, "*Totius in verba*: Rhetoric and Authority in the Early Royal Society", *Isis*, 1985, 76: 145-161; e Dear, "Jesuit Mathematical Science and the Reconstitution of Experience in the Early Seventeenth Century", *Studies in History and Philosophy of Science*, 1987, 18:133-175.

testemunhas, cada testemunho sendo cuidadosamente avaliado de acordo com seu grau de credibilidade segundo critérios como família, sexo, idade, caráter e posição social.[32]

O novo estilo de experiência da filosofia natural tinha pelo menos uma nítida desvantagem diante do modo tradicional escolástico: enquanto que universais e lugares-comuns são por definição acessíveis a todos, eventos específicos, particularmente aqueles produzidos por equipamentos caros e sensíveis, não são. Como testemunha grande parte da literatura medieval e do começo da modernidade sobre "segredos", alguns tipos de conhecimentos sobre a natureza, particularmente a alquimia e as técnicas artesanais, eram parcialmente escondidos do grande público.[33] Mas, conforme mostram Owen Hannaway e Steven Shapin, o recolhimento para a privacidade da cela monástica ou da caverna do alquimista se chocava com a crítica que a reformada filosofia natural fazia a essas duas formas de distanciamento intelectual.[34] Por razões que ainda não entendemos completamente, os filósofos naturais do século XVII viam a si mesmos como membros de um coletivo internacional ("os engenhosos da Europa", como diziam em seus frontispícios), e viam o empirismo como um empreendimento colaborativo. De modo a honrar, ao mesmo tempo, os ideais da experiência particular e da publicidade, os filósofos naturais recorriam ao testemunho, tanto efetivo quanto "virtual", e a depoimentos.[35]

Ainda assim, nem todo testemunho é confiável: como avaliar tanto a credibilidade da testemunha quanto a plausibilidade do evento tornou-se um problema epistemológico central na segunda metade do século XVII.[36] Como

---

32 Ver, p. ex., as instruções jurídicas de Francis Bacon para reunir evidência para uma "História Experimental e Natural": Bacon, *Description of a Natural and Experimental History* (1620), em *The Works of Francis Bacon,* ed. J. Spedding, D. Heath e R. L. Ellis, 15 vols. (London, 1870), Vol. I, p. 401, Aforismo VIII.

33 William Eamon, "Arcana Disclosed: The Advent of Printing, the Books of Secrets Tradition, and the Development of Experimental Science in the Sixteenth Century", *Hist. Sci.*, 1984, 22: 111-150; e B. J. T. Dobbs, "From the Secrecy of Alchemy to the Openness of Chemistry", em *Solomon's House Revisited: The Organization and Institutionalization of Science,* ed. Tore Frängsmyr (Canton, Mass.: Science History Publications, 1990), págs. 75-94.

34 Hannaway, "Laboratory Design"; e Shapin, "House of Experiment" (ambos cit. n. 2).

35 Sobre o testemunho virtual e sua relação com o estabelecimento de "questões de fato" na filosofia experimental de Robert Boyle, conferir o estudo seminal de Steven Shapin e Simon Schaffer, *Leviathan and the Air-Pump: Hobbes, Boyle, and the Experimental Life* (Princeton: Princeton Univ. Press, 1985).

36 Sobre tratamento filosófico e matemático quanto a credibilidade de testemunhos, ver Lorraine Daston, *Classical Probability in the Enlightenment* (Princeton: Princeton Univ. Press, 1988), págs. 306-342. Para as bases legais inglesas ver Barbara J. Shapiro, *Probability and Certainty in Seventeenth-Century England* (Princeton: Princeton Univ. Press, 1983), págs. 163-180.

mostram os dilemas de Sir Walter Raleigh e o rei de Siam em John Locke, era muito fácil desviar-se, tanto para o lado da credulidade excessiva quanto para o do ceticismo excessivo. O dilema foi intensificado pelo caráter distintamente estranho de muitos dos detalhes registrados nos anais dos filósofos naturais, um ponto ao qual retornarei em breve. Shapin sugere que confiança entre filósofos naturais, bem como acesso a lugares nos quais eram produzidos os detalhes experimentais era estendida a cavalheiros, seguindo códigos de honra e cortesia que santificavam a palavra de um cavalheiro, não importando quão implausível seu relato, e abriam sua casa (onde a maioria dos experimentos ocorria) para outros cavalheiros, por mais inconvenientes que fossem as visitas.[37] Há evidência considerável de que tais convenções se aplicavam a filósofos naturais de reputação estabelecida, bem como a bem-nascidos e dotados de títulos. Quando, por exemplo, a *Académie des Sciences* de Paris abandonou frustrada as tentativas de replicar os barômetros brilhantes de Johann Bernouli, o Secretário Perpétuo Bernard de Fontenelle assegurou Bernoulli de que "a confiança que se tinha em sua [de Bernoulli] palavra" torna mais fácil para os acadêmicos acreditar na natureza proteica do que duvidar de seu relato inverificável.[38] Confiança, ao invés de reprodutibilidade, tornava o empirismo colaborativo dos particulares possível entre os filósofos naturais. A crença em regularidades naturais hesitava diante da crença no relato de testemunhas confiáveis.

Esta confiança foi muito mais testada pelo tipo de detalhes que comumente ocupavam os primeiros filósofos naturais. A tribo de Raleigh com "seus olhos nos ombros, e bocas no meio do peito"[39] poderia ocupar um lugar ao lado de numerosos relatos de anormalidades anatômicas tais como nascimentos monstruosos, aparições celestiais de exércitos em batalha nas nuvens, fenômenos meteorológicos como ciclones ou chuva de sangue e outros fenômenos estranhos no *Journal des Savants*, *Philosophical Transactions* e *Histoire et Mémoires*. A experiência que substituiu os universais aristotélicos por particulares também substituiu as generalidades por raridades e singularidades. Muitos ouviram a acusação de Francis Bacon de que os axiomas da filosofia natural aristotélica foram abstraídos de uma coleção de particulares muito insuficiente, e que apenas o curso ordinário da experiência

---

[37] Shapin, "House of Experiment" (cit. n. 2). Shapin aponta que o tabu contra duvidar da palavra de um cavalheiro era tão forte que o ceticismo quanto a testemunhos era desconhecido na filosofia natural (pag. 398); ver também Shapin, "O Henry" (resenha de ensaio), *Isis*, 1987, 78: 417-424.

[38] Bernard de Fontenelle, "Sur le phosphore", *Histoire de l'Académie Royale de Sciences*, Année 1701 (Paris, 1743), pág. 1-8.

[39] Sir Walter Raleigh, *The Discourse of the large and bewtiful Empire of Guiana* (1596), ed. V. T. Harlow (London: Argonaut Press, 1928), pág. 56.

da natureza era inadequado para revelar regras e a variedade da natureza. As generalizações escolásticas deveriam ser complementadas e corrigidas por uma colçção de "instâncias desviantes, ou seja, erros, caprichos e prodígios da natureza, nos quais a natureza desvia e se afasta de seu curso comum".[40] Esta "história das pretergerações", ou da "natureza fora de seu curso", tinham a função de advertir e censurar generalizações e teorizações precipitadas em filosofia natural, uma coleção de exceções para todas as regras. O impacto destes exemplos de "desvios da natureza" tinha como resultado a moderação: entre os numerosos relatos de fenômenos estranhos publicados em revistas de filosofia natural, poucos ofereciam uma explicação ou tentavam subsumir a anomalia em uma teoria.

Estes fatos estranhos tinham várias desvantagens óbvias. Raros ao ponto de serem maravilhosos, eles forçavam até mesmo a ampla confiança do novo estilo de empirismo até quase o limite. Observá-los era uma questão de sorte, e eles eram ainda menos acessíveis ao testemunho público e estudo contínuo do que os mais caprichosos dos fenômenos experimentais. Além disso, a proibição de teorização prematura poderia ser usada para encobrir um maravilhamento mudo e não-questionador, que dificultava as explicações causais tanto da experiência incomum quanto da comum que Bacon havia buscado. Ainda assim, fenômenos estranhos tinham a virtude de seus vícios, pelo menos no contexto das academias científicas do século XVII que avidamente os perseguiam. Estas academias conscientemente se distinguiam do que percebiam como o pedantismo polemista da escolástica universitária insistindo na civilidade em suas discussões.[41] As rivalidades que se mostraram causas de mais divisões eram teoréticas, e os conflitos mais explosivos faziam com que as teorias dos seus membros competissem entre si. Por isso a preferência pronunciada entre os acadêmicos por fenômenos estranhos, que desconcertavam as teorias de todos os lados. Conforme comentário de Thomas Spat a propósito das discussões sobre os experimentos na Royal Society, "Não se deixava espaço para ninguém tentar inflamar a própria mente ou a dos outros, além do apropriado; tampouco era permitido que eles discorressem, amplificassem ou conectassem argumentos especiosos". Isto se aplicava

---

40 Francis Bacon, *Novum Organum* (1620), Aforismos 1.25, 2.29, traduzidos de *Works*, ed. Spedding, Heath, and Ellis (cit. n. 32).
41 Sobre as "convenções morais" usadas para regulamentar disputas ver Shapin and Schaffer, *Leviathan and the Air-Pump* (cit. n. 35), págs. 72-76; e Shapin, "House of Experiment" (cit. n. 2). Embora Shapin and Schaffer situem o irenismo de Boyle e outros membros antigos da Royal Society no contexto da Restauração e do Código Clarendon, o apelo acadêmico para a civilidade foi um fenômeno pan-europeu. Ver, p. ex., a proibição de xingamentos em *Histoire de l'Académie Royale des Sciences*, Année 1699 (Paris, 1718, pág. 7.

duplamente a fenômenos estranhos, e o efeito imediato disso era a paralização da especulação, e, portanto, esperava-se, a pacificação da discussão.[42]

Nisso repousa a peculiar atração obscura dos fenômenos estranhos, que se tornaram os arquétipos dos primeiros fatos científicos. A facticidade na ciência tem uma história, e estes fatos iniciais assemelham-se aqueles apenas parcialmente honrados por gerações posteriores. Existe esta variedade histórica considerável quanto a que tipo de fenômeno pode, em princípio, tornar-se fato. Domínios inteiros da experiência – sonhos, eletro fosforescência, harmonias musicais – oscilaram para fora e para dentro do campo da facticidade desde o século XVII. Existem também variações históricas nas virtudes de tornar-se fato. Os fatos dos fenômenos estranhos não eram confiáveis ou robustos – eles não poderiam ser produzidos à vontade, tampouco contra a vontade. Tais fatos eram teimosos não porque não desapareciam (o problema era fazê-los ficar), mas porque resistiam a explicações baseadas em qualquer uma das teorias disponíveis. Em contraste com os fatos estatísticos e induções dos séculos XVIII e XIX, as questões de fato do século XVII não eram mundanas, repetitivas ou homogêneas nem contabilizáveis. Antes, eram raras, heteróclitas e singulares. Elas se qualificam como fatos porque foram a primeira forma de empirismo dentro da filosofia natural a pulverizar o *continuum* da experiência em particulares discretos e romper radicalmente o elo entre o *datum* da experiência e as inferências e conjecturas nele baseadas. Parte e parcela da economia moral da civilidade científica, fenômenos estranhos moldaram o empirismo do século XVII – seus padrões de evidência, seus objetos (muito) peculiares, seu modelo de facticidade.[43]

Para aqueles familiarizados com o empirismo da filosofia natural da escolástica, a filosofia natural do século XVII apresenta ainda outra novidade chocante – a saber, a novidade ela mesma. Enquanto que a filosofia natural da escolástica estava longe de ser estática, seu apetite por novidades raramente incluía revisões completamente novas da experiência. Ao invés disso, os filósofos naturais da escolástica – como filósofos de seu tempo – trabalhavam com uma análise cada vez mais sutil e penetrante de um conjunto amplamente fixo de exemplos. Em contraste, o apetite de seus colegas do século XVII por novidades empíricas (não está claro se eles também se encantavam com

---

[42] Thomas Sprat, *The History of the Royal Society of London* (London, 1667), pág. 91. Sobre civilidade acadêmica e os fatos dos fenômenos estranhos, ver Lorraine Daston, "Baconian Facts, Academic Civility and the Prehistory of Objectiivity", *Annals of Scholarship*, 1992, 8: 337-363.

[43] Sobre a natureza e as origens deste ramo da facticidade, ver Lorraine Daston, "The Factual Sensibility", *Isis*, 1988, 79: 452-470.

novidades teóricas) era voraz. Suas revistas e livros estavam abarrotados com observações de novos objetos – as luas de Júpiter, um furacão nas Bermudas, um fósforo brilhante artificial – e com velhos objetos vistos de uma nova maneira – uma pulga vista no microscópio, uma cotovia sufocada em um jarro de sino por uma bomba de ar. A execução de experimentos era, antes de tudo, um método de manufatura de novidades da experiência, que eram servidas, nos artigos de filosofia natural, com a mesma concisão de tirar o fôlego que as notícias de batalhas ou crimes hediondos o eram nas manchetes sensacionalistas da época. Estamos tão acostumados com o passo desordenado e impetuoso das novidades científicas que é difícil reconhecer sua estranheza: por que desejar novas experiências antes de digerir adequadamente as antigas?

A resposta se encontra em parte na sensibilidade e na epistemologia da curiosidade que caracteriza grande parte da ciência moderna em seus primórdios. Durante os séculos XVI e XVII, a curiosidade não foi apenas elevada de vício grave a pecadilho e, por fim, virtude absoluta. Ela também foi transformada mediante um realinhamento no campo dos vícios e virtudes, paixões e interesses: dito de modo breve, a curiosidade migrou do polo do desejo e orgulho para o da cobiça e avareza.[44] Enquanto Agostinho junto com muitos comentadores medievais criticava a curiosidade como uma forma de incontinência e passividade, escritores do começo da modernidade associavam curiosidade com atividade autodisciplinada, faculdades combinadas e prontas para a aventura. Recentemente separada dos desejos do corpo, que poderiam ser adormecidos e saciados, a curiosidade era insaciável, puro *conatus* ou esforço, e marcada, como disse Thomas Hobbes, "por uma perseverança do deleite na contínua e infatigável geração de conhecimento, [que] excede o tipo de veemência de qualquer prazer carnal". Marin Mersenne também refletiu sobre a acumulação incansável da curiosidade: "E assim, sempre desejamos ir mais além, de modo que verdades adquiridas servem apenas como meios para chegar a outras verdades: é por isso que não fazemos um inventário das que temos, como um avaro faz dos tesouros em seus cofres".[45]

---

44 Sobre esta elevação ver Hans Blumenberg, *Der Prozeß der theoretischen Neugierde* (Frankfurt am Main: Suhrkamp, 1988); Jean Céard, ed., *La curiosité à la Renaissance* (Paris: Société d'Edition d'Enseignement Supérieur, 1986); e Carlo Ginzburg, "High and Low: The Theme of Forbidden Knowledge in the Sixteenth and Seventeenth Centuries", *Past and Present*, Nov. 1976, Nº 73, págs. 28-41. Sobre sua transformação e impacto na filosofia moderna inicial ver Lorraine Daston, "Neugierde als Empfindung und Epistemologie in der frühmodernen Wissenschaft", in *Macrocosmos im Microcosmos: Die Welt in der Stube: Zur Geschichte des Sammelns, 1450-1800*, ed. Andreas Grote (Opladen: Leske & Budrich, 1994), págs. 35-60.

45 Thomas Hobbes, *Leviathan* (1651), Livro I, Cap. 6; Marin Mersenne, *Les questions*

A curiosidade do começo da modernidade tornou-se uma subespécie do consumismo, e suas dinâmicas eram semelhantes aquelas do comércio de artigos de luxo. Tanto a curiosidade quanto o mercado do luxo deviam seu crescimento às novidades. Pois o luxo de hoje – chás, sapatos, pão branco – eram as necessidades de amanhã, e o conhecimento de hoje estagnava rápido diante de uma curiosidade voraz. Como o mercado do luxo, a curiosidade tornou-se sem fim e insaciável, e a afinidade estrutural entre os dois foi decisiva na escolha dos objetos da curiosidade no início da ciência moderna. Tudo que era pequeno, intrincado e, especialmente, secreto, exercia um fascínio especial nos primeiros investigadores modernos da natureza, pois os objetos mais apropriados para a curiosidade eram aqueles que se encontravam com o desejo de tipo hobbesiano por detalhes inexauríveis, permitindo que os olhos do corpo ou os da mente vagassem de uma pequena parte ou convolução labiríntica para outra, nunca satisfeitos apesar de ainda fixados no mesmo objeto em toda sua multiplicidade. Este poder de despertar, manter e mesmo aprofundar a atenção fez da curiosidade uma parte indispensável do empirismo militante da filosofia natural do século XVII, com sua permanente desconfiança quanto as generalizações e tipos naturais aristotélicos. A curiosidade era mais facilmente estimulada pelas "Coisas estranhas e raras", mas mediante um hábito de estranhamento poderia também ser adaptada para o estudo de objetos mais prosaicos: "na elaboração de todos os tipos de observações ou experimentos deve existir um grande volume de circunspecção, para se tomar nota de cada circunstância perceptível...e um observador deve se esforçar para ver a partir desses experimentos e observações que são mais comuns, e aos quais ele está habituado, como se fossem a maior das raridades, e imaginar a si mesmo como uma pessoa de outro país ou profissão das quais ele nunca tenha visto ou ouvido falar antes".[46] A sensibilidade curiosa isolava objetos, temas e posições: objetos estranhos (ou comuns estranhados) estudados com uma atenção obsessiva por pessoas comumente unidas apenas por seus gostos por tais objetos e pelo cultivo de tais posições. Também impressionava o passo prestíssimo da novidade tropeçando em outra novidade no empirismo científico do século XVII.

Confiança, civilidade e curiosidade foram três momentos da economia moral do empirismo do século XVII. Esta foi uma economia moral que definiu padrões de evidência, estipulou as formas da facticidade, selecionou certos

---

theologiques, physiques, morales et mathematiques (1634), reimpresso em Mersenne, *Questions inouyes...*, ed. André Pessel (Paris: Fayard, 1985), Quest. 23, p. 302 (tradução da autora para o inglês).
[46] Hooke, "General Scheme" (cit. n. 26), págs. 61-62.

objetos como dignos de investigação e acelerou a taxa desta investigação. Seus modelos estão em códigos de honra cavalheiresca, humanismo cívico e uma mutação emocional que mimetizou a dinâmica do consumismo. Entretanto, o todo, uma vez assimilado pelos filósofos naturais, era mais que a soma de suas partes, pois confiança, civilidade e curiosidade se mesclavam em uma economia até então desconhecida dentro da cultura do começo da modernidade. A civilidade privilegiava os fatos dos fenômenos estranhos; a confiança no testemunho expandiu-se em proporções correspondentemente generosas; a curiosidade inicialmente excitada por raridades e coisas peculiares podia ser ensinada a examinar objetos mais comuns. Esta é apenas uma possível economia moral do empirismo, e uma de vida curta, diga-se de passagem; mas foi muito significativa para a filosofia natural reformada do século XVII.

4 – UMA ECONOMIA MORAL É BOA PARA QUE? OBJETIVIDADE

> Pois aquela parte do mundo científico cuja opinião é de grande peso, é geralmente tão pouco razoável, que seus membros chegam a negligenciar completamente as observações daqueles nos quais eles tenham, em alguma outra ocasião, descoberto traços de artista. De fato, o caráter de um observador, como o da mulher, se posto em dúvida, é destruído.
>
> Charles Babbage, *Reflections on the Decline of Science in England and Some of its Causes* (1830)

As várias formas de quantificação e empirismo têm economias morais distintas; a objetividade, entretanto, *é* uma economia moral. O filósofo Thomas Nagel escreve: "Objetividade é um método de compreensão. São crenças e atitudes que são objetivas em sentido primeiro. Apenas de modo derivado chamamos de objetivas as verdades que podem ser alcançadas desse modo".[47] Como no caso da quantificação e do empirismo, seria mais correto falar em objetividades, no plural, pois a objetividade científica tem uma história e também exibe uma diversidade. Aqui posso apenas esboçar duas de suas variantes mais importantes, ambas velharias do século XIX: objetividade mecânica e objetividade aperspectivística.

---

[47] Thomas Nagel, *The View from Nowhere* (Oxford: Oxford Univ. Press, 1986), p. 4.

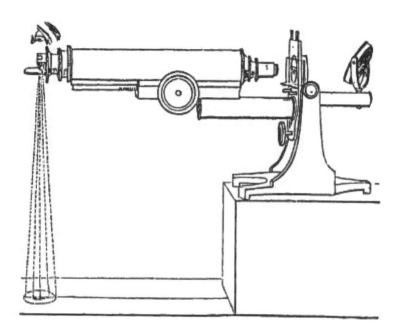

Objetividade: a *camera lucida*, inventada em 1807 por W. H. Wollaston como uma forma mecânica de reproduzir objetos em perspectiva, é aqui adaptada para uso com um microscópio. De William B. Carpenter, *The Microscope and Its Revelations* (Londres, 1868).

Objetividade mecânica é objetividade no modo pós-lapsariano.[48] Ela se fundamenta simultaneamente em uma epistemologia da autenticidade – em um anseio por "dado"* em seu sentido original de "aquilo que é oferecido", concedido sem esforço a partir da graça – e também na convicção culpada de que humanos caídos, deixados sem supervisão, podem se envolver apenas com os dados da natureza. Esta é a forma de objetividade que luta para eliminar todas as formas de intervenção humana na observação da natureza, seja pelo uso de máquinas, como dispositivos de autoinscrição ou a câmera, ou mediante procedimentos científicos mecanizadores, como o uso de técnicas estatísticas para escolher o melhor conjunto de observações.[49] Muitas formas de

---

[48] Sobre a natureza e história da objetividade mecânica ver Daston e Galiston, "Image of Objectivity" (cit. n. 2).

* N. do T.: *Data* no original. Daqui para frente há um jogo entre *data* e *given*. Para manter o jogo de palavras optamos por utilizar data no original e dado quando a palavra inglesa for given.

[49] Zeno G. Swijtink, "The Objectification of Observation: Measurement and Statistical

objetividade compartilham uma inimizade em relação ao pessoal, mas com qual aspecto do pessoal – julgamento, habilidades inarticuláveis, resposta estética intensa à natureza, parcialidade com relação a ideias favoritas – depende do tipo particular de objetividade. Em contraste com a objetividade aperspectivística, que combate idiossincrasias de indivíduos, a objetividade mecânica combate as tendências gerais, demasiado humanas de estetizar, antropomorfizar, julgar, interpretar ou qualquer outra forma de "mexer" com os dados da natureza. Goethe deu voz às preocupações que impelem a objetividade mecânica quando ele pregava o cuidado ao se interpretar resultados experimentais: "Pois aqui, neste momento, nessa transição da evidência empírica para o julgamento, da cognição para a aplicação, todos os inimigos internos do homem o aguardam: imaginação, que o arrasta em suas asas antes que ele saiba que seus pés deixaram o chão; impaciência; pressa; autossatisfação; rigidez; pensamento formalista; prejuízos; conforto; frivolidade; inconstância – toda essa multidão e sua comitiva. Aqui eles jazem à espreita e surpreendem não apenas o observador ativo, mas também o contemplativo que aparenta estar livre de toda a paixão". [50]

A objetividade mecânica encontrou sua expressão característica em sucessivas ondas, primeiro de entusiasmo, em seguida de desapontamento em dispositivos, de registros automáticos até a fotografia, que pareciam prometer uma fuga desta emboscada interna. A fotografia tornou-se emblemática da objetividade mecânica e revela seu núcleo essencialmente moral, ao invés de epistemológico: as vantagens da fotografia para a arte bem como para a ciência não eram necessariamente aquelas da verossimilhança – desenhos naturalistas coloridos frequentemente superam fotografias na criação de cópias do que pode ser visto – mas sim aquelas da autenticidade. Devido a seu automatismo, a fotografia criou a ilusão de uma imagem sem mediação, livre da intervenção humana, ainda que não fosse visualmente fiel ao original.[51] É esse desejo por autenticidade que explica também porque alguns cientistas brincavam com a ideia de empregar assistentes sem formação alguma. O trabalho desses assistentes não era apenas barato;[52] eles eram, pensava-se, tão próximos da

---

Methods in the Nineteenth Century", in: *The Probabilistic Revolution,* ed. Lorenz Krüger *et al.,* 2 vols. (Cambridge, Mass./London: MIT Press, 1987), Vol. I: *Ideas in History*, págs. 261-286.

50 Johann Wolfgang Goethe, "The Experiments as Mediator between Object and Subject" (1792, pub. 1823) in: *Goethe: Scientific Studies,* ed. e trans. Douglas Miller (Nova Iorque Suhrkamp, 1988), p. 14.
51 Charles Rosen and Henri Zerner, *Romanticism and Realism: The Mythology of Nineteenth-Century Art* (Nova Iorque: Viking Press, 1984), págs. 107-108.
52 Charles Babbage, *On the Economy of Machinery and Manufacturers,* 4th ed. (London: Charles Knight, 1835), pág. 195.

tábula rasa quanto as maquinas, e, portanto, mais adequados para registrar observações do que cientistas bem informados e cheios de expectativas. Por esta razão, Claude Bernard dividia o trabalho de um experimento entre o projeto, a ser confiado à mente do cientista, equipada com as hipóteses, e a execução, levada a cabo pelos sentidos "que observam e anotam", ou mesmo por um "homem sem instrução...que não sabe nada da teoria" e dessa forma é capaz de ver "novos fatos não percebidos por um homem preocupado com a teoria". Ao passo que Bernard era hesitante quanto a "elevar a ignorância a um princípio", o Astrônomo Real John Pond era direto: "Mas para conduzir tais investigações, eu preciso de burros de carga infatigáveis, trabalhadores e, acima de tudo, obedientes (é assim que devo chamá-los, embora eles sejam burros de carga de uma ordem superior), homens que ficarão satisfeitos em passar metade do dia usando suas mãos e olhos no ato mecânico de observar, e a outra metade no processo enfadonho de calcular."[53]

Estas tentativas de dividir e mecanizar pelo menos parte do labor científico de observação evocam as atitudes dos industrialistas contemporâneos, para os quais trabalhadores e máquinas, em suas fábricas, eram intercambiáveis, e para os quais a palavra *mecânico* ainda carregava associações com as classes inferiores de "mecânico grosseiro". Embora os cientistas frequentemente fiscalizassem o caráter de seus burros de carga observadores, a ênfase mais marcante na objetividade mecânica era a da autodisciplina, confrontando os "inimigos internos" de Goethe em seu próprio território. Aqui os cientistas tentam manter em xeque suas predições por julgar, interpretar, estetizar e antropomorfizar, e sua linguagem de autodomínio às vezes ecoa a do ascetismo cristão.[54] Charles Gillispie captou esta nota desta negação viril de si mesmo, da especulação esmagada e das ilusões sedutoras voluntariamente destruídas, ao evocar o "gume cruel da objetividade".[55] É no século XIX que fatos inflexíveis também se tornam "desagradáveis", "feios" e "adversos". Ao adentrarmos o século XX, "encarar os

---

[53] Claude Bernard, *An Introduction to the Study of Experimental Medicine* (1865), trad. Henry Copley Greene (Nova Iorque: Dover, 1957), págs. 23, 38; e Pond nas atas do Conselho da Sociedade Real, 6 de abril de 1826, citado em Charles Babbage, *Reflections on the Decline of Science in England and Some of its Causes* (1830), *The Works of Charles Babbage,* ed. Martin Campbell-Kelly (London: William Pickering, 1989), Vol. VII, p. 64n.

[54] Ver Daston e Galison, "Image and Objectivity" (cit. n. 2). Sobre o policiamento dos burros de carga ver Schaffer, "Astronomers Mark Time" (cit. n. 2).

[55] Charles C. Gillispie, *The Edge of Objectivity: An Essay in the History of Scientific Ideas* (Princeton: Princeton Univ. Press, 1960), pág. 44-45; cf. págs. 73, 107, 156, 241.

fatos" passa a indicar sempre algum desprazer e, portanto, objetividade – certa medida de determinação e autodomínio.[56]

Se o emblema da objetividade mecânica é a fotografia, o lema da objetividade aperspectivística poderia ser "a visão a partir de lugar nenhum", seguindo o brilhante oximoro de Thomas Nagel. Enquanto que a objetividade mecânica pretende suprimir a propensão humana universal para julgar, interpretar e estetizar, a objetividade aperspectivística pretende eliminar as idiossincrasias de observadores particulares ou grupos de pesquisa. Embora todas as idiossincrasias tenham sido manchadas com o pincel da subjetividade no século XIX, elas não são sempre desvantagens: a habilidade de dividir uma estrela dupla a olho nu é tão idiossincrática quanto um tempo lento de reação. Charles Babbage fala desse modo acerca do ideal da objetividade aperspectivística quando insiste que "o gênio marca seu terreno não pela observação de quantidades perceptíveis apenas por aqueles de sentidos acurados, mas por colocar a natureza em tais circunstâncias que ela seja forçada a registrar suas mínimas variações em uma escala tão ampliada que um observador, possuindo faculdades comuns, seja capaz de entender com clareza".[57]

A objetividade aperspectivística fornece sociabilidade científica e, portanto, apresenta várias técnicas de padronização, quantitativas e experimentais. Transcender os pontos de vista individuais parece um pré-requisito para uma comunidade científica coerente para muitos cientistas e filósofos do século XIX. A existência de uma tal comunidade, se estendendo pelo tempo e espaço, por sua vez parecia a alguns um pré-requisito – ou mesmo uma garantia eventual – para se alcançar uma verdade científica. Charles Sanders Pierce concebia essa forma comunal necessária de busca da verdade mediante um tipo de procedimento simétrico de cancelamento de erros individuais: "o indivíduo pode não viver para alcançar a verdade; há um resíduo de erro em toda opinião individual. Não importa, permanece o fato de que há uma opinião definida para qual a mente do homem, no todo e a longo prazo, se inclina... esta opinião final, então, é independente, não do pensamento

---

[56] Ver p. ex., a reflexão típica de Max Weber sobre a ligação entre "wissenschaftliche Objektivität" e "unbequeme Tatsachen": Weber, "Die 'Objektivität' sozialwissenschaftliche und socialpolitischer Erkenntnis" (1904), *Gesammelte Aufsätze zur Wissenschafteslehre,* ed. Johannes Winckelmann, 3ª ed. (Tübingen: J. C. B. Mohr, 1968) págs. 154-155.

[57] Babbage, *Reflections* (cit. n. 53), p. 86. Sobre a objetividade aperspectivística e suas origens, ver Daston, "Objectivity and the Escape" (cit. n. 2). Sobre a visão de Weber acerca dos prospectos para objetividade nas ciências sociais ver Robert N. Proctor, *Value-Free Science?* Purity and Power in Modern Knowledge (Cambridge, Mass.: Harvard Univ. Press, 1991), págs. 134-154.

em geral, mas de tudo que é arbitrário ou individual em pensamento; é de fato independente de como você, eu, ou qualquer quantidade de pessoas pensem.".[58] Pierce aqui dá voz filosófica para ideais científicos em mudança, ideais enraizados em práticas científicas que estavam em transformação em meados do século XIX. Congressos e colaborações científicas internacionais na demografia, astronomia, geodesia e meteorologia se multiplicaram, criaram redes de observadores em sintonia com o objetivo de capturar fenômenos tão vastos que eram invisíveis para o observador individual.[59] Não é acidental que o próprio Pierce contribuiu em vários desses esforços internacionais durante seu período na *United States Coast and Geodetic Survey*.

Dentro dessas colaborações globais a objetividade aperspectivística tornou-se um credo científico, um ideal que correspondia a práticas de comunicação quase constantes e coordenadas: artigos circulavam pelos oceanos e continentes, medições eram trocadas, observações contabilizadas, instrumentos calibrados, unidades e categorias padronizadas. A objetividade aperspectivística era o *ethos* do observador intercambiável e, portanto, desprovido de traços distintivos – sem a marca da nacionalidade, de sentidos agudos ou lentos, do treino ou tradição, por aparatos peculiares (ainda que superiores) ou por qualquer outra idiossincrasia que possa interferir com a comunicação, comparação e acúmulo de resultados. Não deveria causar surpresa que proponentes deste ideal franziam a testa ao adotar medidas de precisão extremamente minuciosas: "A extrema precisão requerida em algumas de nossas pesquisas modernas exerceu, em alguns aspectos, uma influência infeliz, ao favorecer a opinião de que nenhum experimento tem valor, a não ser que as medidas sejam as mais detalhadas, e a concordância entre elas a mais perfeita"[60]. Os cientistas prestam homenagem ao ideal da objetividade aperspectivística contrastando-a com o individualismo do artista e a cooperação auto obliteradora dos cientistas, que não aparecem mais no singular – *"L'art c'est moi; la science c'est nous"* [N. do T.: *"A arte sou eu, a ciência somos nós"*], conforme a bela colocação de Claude Bernard. Para aqueles que, como Bernard, celebraram o ideal da objetividade aperspectivística, havia certa nobreza no abandono do pessoal, um sacrifício do eu pelo coletivo – se não pelo bem do coletivo, pelo menos pela compreensão coletiva. Norbert Elias

---

[58] Charles Sanders Pierce, "A Critical View of Berkeley's Idealism" (1871), *Values in a Universe of Chance: Selected Writings of C. S. Pierce (1839-1914)*, ed. Philip Wiener (Nova Iorque: Doubleday, 1958), págs. 81-83.

[59] Ver Susan Faye Cannon, *Science in Culture: The Early Victorian Period* (Folkstone: Dawson; Nova Iorque: Science History Publications, 1978), Cap. 3, em "Humboldtian science".

[60] Babbage, *Reflections* (cit. n. 53), pag. 85.

argumentou que todas as coordenações complexas de atividades humanas compartilham do "processo civilizador", ou seja, o "autocontrole permanente" exigido pelo "aumento das correntes da ação e da interdependência sociais", e a ciência não é exceção aqui. O autocontrole e desapego exigidos dos cientistas pela objetividade aperspectivística era extenuante: os cientistas não deveriam apenas esperar pelo reconhecimento de seus esforços; eles deveriam desistir completamente desse reconhecimento. Bernard exortava os cientistas a enterrar seu orgulho e vaidade de modo a "unir nossos esforços, ao invés de os dividir ou anular em nome de disputas pessoais", pois todos os cientistas são, ao final, iguais em seu anonimato: "Nesta fusão [de verdades particulares em verdades gerais], os nomes dos promotores da ciência desaparecem aos poucos, e à medida que a ciência avança, mais ela assume uma forma impessoal e desapega-se do passado".[61]

Não há dúvida que os manifestos das objetividades mecânica e aperspectivística refletem mais um ideal elevado do que uma realidade sociológica. Porém, mesmo valores honrados erraticamente são, ainda assim, valores genuínos, refletindo escolhas e atitudes. Além disso, os valores e afetos de ambas as objetividades deixaram traços visíveis na conduta dos cientistas, em sua preferência cada vez maior por métodos mecanizados de observação, sua cada vez mais refinada divisão do trabalho científico, em sua preferência por imagens autênticas por oposição às verossímeis ou nítidas e seu foco cada vez mais exclusivo na comunicabilidade. As recomendações de autocontrole e auto-obliteração reverberam com a voz austera do dever moral: o autodomínio requerido em ambos os casos para suprimir o pessoal é de fato a essência mesma da moral. Isto não significa que devemos admirar esses ideais, pois os anais da antropologia cultural estão cheios de convenções morais impostas pelo mais rigoroso autodomínio e que achamos, apesar disso, abomináveis. Mas não podemos ignorá-los, uma vez que eles estão imbricados naqueles aspectos chave da ciência que, um tanto grosseiramente, denominamos quantificação, empirismo e objetividade.

5 – CONCLUSÃO: DISTINÇÕES SEM PRIVILÉGIO

As novas facetas da quantificação, do empirismo e da objetividade que explorei tão brevemente aqui de modo algum exaurem aqueles aspectos da ciência que são constituídos, no todo ou em parte, por uma economia moral. Muitas outras práticas e compromissos podem, acredito, ser proficuamente

---

[61] Bernard, *Introduction* (cit. n. 53), págs. 43, 39, 42. Ver Elias, *Power and Civility* (cit. n. 7), págs. 230-248, 273-274.

estudados. Pensemos, por exemplo, no parentesco de forma (informações privadas curtas e datadas) e a coincidência de *timing* (séculos XVI e XVII) entre os diários pessoais e os cadernos de observação experimental e de campo.[62] A *Verinnerlichung* (internalização) e construção de um eu pelos escritores mais expansivos dos diários pessoais parecem paralelas ao que F. L. Holmes descreveu como a construção de "unidades maiores de significado" nos relatórios que os experimentalistas escrevem a partir de seus cadernos de notas.[63] A história verificada das atitudes científicas quanto ao segredo também gritam por uma investigação enquanto economia moral.

Entretanto, não quero sugerir que economias morais nas ciências sejam a Chave Universal para todas as Mitologias. Como espero ter ficado claro, a partir dos exemplos acima, elas nos dizem muito pouco acerca do conteúdo detalhado de artigos e tratados científicos, e igualmente pouco acerca da estrutura institucional da ciência. Em vez disso, eles respondem velhas questões e propõem novas sobre como os cientistas em determinados tempo e lugar dignificam alguns objetos de estudo às custas de muitos outros, confiam em alguns tipos de evidência e rejeitam outros, e cultivam certos hábitos mentais, métodos de investigação e mesmo características de traços distintos. Acima de tudo, eles focam nossa atenção nas distinções entre a história de buscas heterogêneas que nos acostumamos a agrupar sob a rubrica "quantificação" ou "empirismo", ou "objetividade". E porque as economias morais são parte do que podemos chamar de epistemologia histórica – uma história das categorias da facticidade, evidência, objetividade etc. – elas devem interessar tanto ao filósofo quanto ao historiador.

Quanto ao sociólogo, uma investigação acerca de como o trabalho intelectual está saturado com elementos morais, emocionais e estéticos em um nível coletivo, não apenas biográfico, abre perspectivas para a psicologia que vão além do cálculo do interesse próprio, estrategicamente implementado para os fins da construção de disciplinas ou carreiras. Aqui temos amplo espaço para um *revival* da sociologia histórica de estilo weberiano que leva o estudo

---

[62] Sobre a história do diário pessoal ver Elisabeth Bourcier, *Les journaux privés en Angleterre de 1600 à 1660* (Paris: Publications de la Sorbonne/Imprimerie Nationale, 1976); e Albert Gäser, *Das literarische Tagebuch* (Saarbrücken: West-Ost Verlag, 1955), págs. 19-38. A literatura sobre a prática de manter um caderno de notas de laboratórios é mais difícil de conhecer, mas vejam W. E. Knowles Middleton, *The Experiments: A Study of the Academia del Cimento* (Baltimore/London: Johns Hopkins Univ. Press, 1971), págs. 359-382; e M. J. van Lieburg, "Isaac Beeckman and His DIary-Notes on William Harvey's Theory of Blood Circulation (1633-1634)", *Janus*, 1982, 69: 161-183, para alguns primeiros exemplos sugestivos.

[63] F. L. Holmes, "Scientific Writing and Scientific Discovery", *Isis*, 1987, 78: 220-235, na página 235.

das origens culturais e caráter da racionalidade científica para além de uns poucos suspiros lúgubres sobre o desencantamento do mundo. Há boas evidências de que as economias morais da ciência derivam tanto suas formas quanto sua força emocional da cultura na qual elas estão inseridas – honra cavalheiresca, introspecção protestante, pontualidade burguesa – e aqui temos um solo promissor para uma aliança entre *science studies* e a nova história cultural com seus afiliados antropológicos. Entretanto, também há evidências de que, uma vez tais formas culturais sejam desenraizadas e combinadas em uma economia moral da ciência, elas se tornam naturalizadas para aquele meio. Honra entre cientistas não é a mesma coisa da honra entre cavalheiros, ascetismo entre cientistas não é o mesmo que ascetismo entre devotos. Ao nadar contra a correnteza dos estudos contextuais da ciência, as economias morais reafirmam, ao invés de dissolver, os limites que separam mentalidades e sensibilidades de cientistas daquelas do ambiente social. A ciência não é, desse modo, privilegiada – uma análise das economias morais por vezes tem o poder de tornar as práticas da tribo dos cientistas tão bizarras quanto as de qualquer outra tribo – mas tem sua especificidade explicitada. Ao examinar sob nova luz apenas aqueles modos de conhecer que antes se pensava eximir a ciência do reino das emoções e valores, um estudo das economias morais pode iluminar a natureza da racionalidade que parecia excluí-los.

UMA HISTÓRIA DA OBJETIVIDADE CIENTÍFICA*

Ao longo dos últimos vinte e cinco anos, três escolas historiográficas dominaram a história das ciências: a escola filosófica, a escola sociológica e a escola histórica. Para a história filosófica das ciências, o desenvolvimento das ciências serve de matéria para fazer a filosofia por outros meios, para mostrar a emergência e o desaparecimento de diferentes conceitos de natureza, para pôr em evidência a sucessão dos sistemas metafísicos e dos quadros epistemológicos. Segundo essa escola, a história das ciências é acima de tudo uma história das ideias que mudaram o mundo, mas no sentido idealista do termo, quer dizer, que mudaram nossa visão do mundo. Como na filosofia, são as ideias que são os atores e são os argumentos que permitem fazer as ideias agirem. As ideias têm influência, elas conduzem os combates e se engendram umas às outras. Os historiadores das ciências dessa tradição tenderam a centrar sua atenção sobre as teorias científicas, mais do que sobre a observação ou a experimentação, e sobre as interações das teorias científicas com outros sistemas de pensamento, particularmente a filosofia e a teologia. Os trabalhos de Alexandre Koyré sobre Galileu e Newton são exemplares dessa escola filosófica: eles destacam os laços que sua ciência mantinha com pressupostos de ordem metafísica sobre as matemáticas e a experiência, sobre o espaço, sobre o tempo e sobre o divino. Outra maneira de caracterizar a escola filosófica no interior da história das ciências seria dizer que sua problemática deriva em última instância da filosofia, tanto nas questões que ela julga interessantes quanto nas respostas que ela considera satisfatórias.

A segunda escola empresta da sociologia as suas questões e as suas explicações. Ela concentra sua atenção sobre as estruturas sociais na atividade científica. Pode se tratar tanto das estruturas microscópicas que, por exemplo, governam a circulação informal dos artigos ou dos pesquisadores de um laboratório a outro, quanto das estruturas macroscópicas, por exemplo, aquelas que garantem a publicização dos resultados científicos em oposição às

---

* Tradução de Francine Iegelski. Texto originalmente publicado como: "Une histoire de l'objectivité scientifique". In: Roger Guesnerie; François Hartog (eds.), *Cahiers des Annales*, vol. 45, "Des sciences et des techniques: un débat". Paris: Éditions de l'École des Hautes Études en Sciences Sociales, 1998, pp. 115-126.

práticas do segredo tradicionais na alquimia. Essa tendência enxerga a ciência como uma instituição chave da sociedade que, a exemplo de outras instituições como a religião ou a escola, reflete e modela a distribuição social dos poderes e a produção das significações culturais. Assim como na escola filosófica, encontramos nessa tradição da história das ciências uma diversidade de abordagens, desde as análises durkheimianas de David Bloor até a orientação etnometodológica de Bruno Latour, passando pelas perspectivas weberianas de Robert Merton. Mas todas essas abordagens têm em comum o fato de que tomam as estruturas sociais como unidades primeiras de análise, quer se trate das classes sociais, das instituições, dos sistemas de valores ou das hierarquias políticas. Os historiadores-sociólogos se interessam tão pouco quanto seus colegas historiadores-filósofos pela singularidade das biografias particulares e pelas contingências locais. As disputas entre as escolas sociológica e filosófica fizeram escorrer muita tinta entre os historiadores das ciências, e ainda assim esse conflito pôde ser descrito do modo mais equivocado possível, como sendo uma oposição entre a interpretação racionalista e a interpretação irracionalista das ciências. No entanto, essas duas escolas se aproximam numa indiferença comum, próxima do desprezo, por aquilo que diz respeito ao local e ao singular na história das ciências.

A atenção ao local e ao singular foi consagrada pela terceira escola, também conhecida pelo nome de *science in context*, por meio dos seus estudos meticulosos e detalhados de tal ou tal episódio da história das ciências: as controvérsias sobre a bomba a vácuo na *Royal Society* de Londres entre os anos 1660 e 1670; a relação estreita que liga a agronomia e a química orgânica no laboratório de Justus Liebig por volta de 1840; a emergência das técnicas de fabricação da imagem na física das altas energias do pós-guerra. Para os defensores da escola histórica, essa primazia do local é uma questão de princípio: o conhecimento se enraíza no mais profundo de uma época e de um lugar, ele emerge na confluência da rede, densa, mas circunscrita de maneira extremamente precisa, que forma todo contexto particular, caracterizado por categorias de pensamento, uma cultura material, um campo de forças políticas e institucionais e toda uma série de interesses pessoais. Suas micro-histórias são inspiradas pela micro-história praticada por autores como Carlo Ginzburg, Emmanuel Le Roy Ladurie e Natalie Zemon Davis. Uma das características distintivas dessa escola é a atenção que ela dedica não apenas às teorias, mas também às práticas científicas (instrumentos presentes nos laboratórios, protocolos de observação de campo, gêneros e convenções literárias da escrita científica), pois apenas o trabalho dos arquivos permite trazer essas práticas à luz. Os praticantes da escola histórica emprestaram livremente suas temáticas das escolas filosófica e sociológica: por exemplo, os estudos consagrados às experiências às vezes abordaram as questões da prova e da demonstração, centrais para a filosofia, e por vezes trataram de questões caras aos sociólogos, como a emergência e a resolução das controvérsias. Mas a escola histórica pretende decidir à luz de dados empíricos, sempre que possível sem remetê-los às teses filosóficas e sociológicas: se os estudos locais indicam por exemplo que aquilo que constitui prova e argumento toma uma forma muito diferente para um físico e para um biólogo, pior para a tese filosófica da unidade do método científico; se os estudos locais mostram que os bioquímicos circulam facilmente entre configurações institucionais bastante diferentes, pior para a tese sociológica do papel predominante das instituições.

Não pretendo propor um Julgamento de Páris entre essas três escolas. Em primeiro lugar porque as perspectivas que acabo de apresentar são simples esboços, demasiadamente esquemáticos para permitir uma escolha bem fundamentada; e também porque cada uma dessas perspectivas contribuiu largamente para os avanços da história das ciências, tanto em qualidade como em quantidade, e escolher uma delas em detrimento das outras equivaleria, num plano acadêmico, a amputar de um corpo um dos seus membros. Em vez disso, proponho averiguar de qual maneira outro programa historiográfico – que é muito jovem e ainda não deu provas suficientes para que possamos qualificá-lo como uma escola – poderia ao mesmo tempo tirar proveito dessas três escolas e superar as limitações de cada uma delas. Ainda de maneira sistemática, essas limitações podem ser resumidas da seguinte maneira: as escolas filosóficas e sociológicas não podem satisfazer as exigências da prova empírica, que é a questão particular da escola histórica; a escola histórica não pode explicar como o conhecimento engendrado em um contexto bastante local pode se tornar universal e se generalizar de um contexto a outro. O novo programa que vou descrever, primeiro de maneira geral, e em seguida com a ajuda de um exemplo preciso, consiste menos em reexaminar essas limitações que em colocar uma série de questões de tipo diferente. Seguindo a denominação que esse programa recebeu nos círculos anglófonos ou germanófonos, eu falarei aqui da *historical epistemology*, mesmo tendo consciência de que o termo "epistemologia histórica" recebeu anteriormente um significado diferente em francês, na continuidade do trabalho de Gaston Bachelard.

Aquilo que eu entendo por *historical epistemology* é a história das categorias que estruturam nosso pensamento, que modelam nossa concepção da argumentação e da prova, que organizam nossas práticas, que validam nossas formas de explicação e que dotam cada uma dessas atividades de um significado simbólico e de um valor afetivo. Essa epistemologia histórica pode (e, de fato, ela deve) remeter à história das ideias e das práticas tanto quanto à história das significações e dos valores que constituem as economias morais das ciências. Mas ela põe questões de tipo diferente: por exemplo, ela não faz a história de tal ou tal uso do cálculo infinitesimal nas demonstrações matemáticas no século XVI e XVII, mas antes a história da evolução das modalidades da demonstração matemática durante esse período; não a história das coleções de história natural em pleno florescimento nos séculos XVII e XVIII, mas a das emoções cognitivas da curiosidade e do milagre que criaram novas formas de empirismo; não a história das práticas de laboratório que estabeleceram tal ou tal fato empírico no século XIX, mas a das figuras concorrentes do "*état de fait*" – fato observacional, fato estatístico, fato experimental – nessa disciplina e nesse período; não o julgamento histórico segundo o qual tal ou tal disciplina atingiu a objetividade e, caso sim, quando e como, mas uma exploração histórica das múltiplas significações e manifestações científicas da objetividade. Basta de generalidades. No tempo que me resta, eu gostaria de ilustrar minha concepção da epistemologia histórica com a ajuda de um caso particular, que é um dos temas de pesquisa atuais no Instituto Max-Planck de História das Ciências de Berlim: a história dos ideais e das práticas da objetividade científica.

A quê remete a objetividade? Aos estados do mundo ou aos estados da alma? Levantar tal questão é evidentemente uma ironia, pois a oposição entre objetividade e subjetividade é precisamente aquilo que utilizamos ordinariamente para dar sentido à separação entre a alma e o mundo. Se apesar de tudo eu coloco essa questão, não é para entreter um paradoxo, nem para desmascarar o caráter ideológico dessa oposição familiar. Minha intenção é muito mais a de interrogar rapidamente as ambiguidades que nossa concepção de objetividade científica esconde, por um efeito de ampliação que as torna tão visíveis e tão gritantes que elas podem nos servir de índices para reconstituir uma história desse conceito e das práticas que lhe são relativas.

Nosso uso da palavra "objetividade" (em inglês *objectivity*, em alemão *Objektivität*) nos permite transitar facilmente entre diferentes acepções da objetividade que são alternativamente ontológicas, epistemológicas, metodológicas e morais. No entanto, esses múltiplos sentidos não se sobrepõem, nem em teoria nem em prática. O "conhecimento objetivo" se aproxima tanto da verdade quanto autoriza nossa metafísica temerosa. Porém mesmo o mais fervoroso dos defensores dos "métodos objetivos" – quer se trate de métodos estatísticos, mecânicos ou outros – hesitaria em reivindicar que eles garantem a verdade de uma descoberta. A objetividade às vezes é encarada como um método de compreensão que convoca a se desembaraçar de toda idiossincrasia, seja ela pessoal, nacional, histórica ou mesmo relativa à espécie, para chegar a uma visão do mundo que não privilegie nenhum ponto de vista particular. E às vezes a objetividade caracteriza uma atitude, uma posição ética louvada por sua neutralidade impassível ou reprovada por sua frieza. Os debates sobre a objetividade em ciência que atualmente animam os círculos políticos e intelectuais apenas reativam essa expansão das significações em vez de analisá-la, alternando num mesmo parágrafo a pretensão metafísica à universalidade e a crítica moral da indiferença.

Do ponto de vista da clareza conceitual, a noção de objetividade forma um tecido de associações particularmente complexo. Quais relações podem manter, por exemplo, a busca por uma essência das coisas e a problemática da repressão das emoções? No entanto, o que me interessa aqui é menos desemaranhar esse novelo de significações do que explicar como ele se formou. Por qual processo histórico de fusão a metafísica, a metodologia e a moral puderam produzir essa liga que hoje chamamos de objetividade? Como cada um desses componentes distintos se formou e quais afinidades entre os componentes tornou a sua síntese, em primeiro lugar, pensável e, em seguida, inevitável? Não basta dizer que a história unificou aquilo que a lógica teria separado. As associações históricas talvez sejam menos constritivas que as associações lógicas, porém mesmo a história não pode permutar e recombinar os elementos de modo arbitrário, sob o risco de produzir quimeras em vez e ao invés de conceitos. Uma história da objetividade deve explicar porque certas ideias e certas práticas fundiram-se enquanto outras permaneceram autônomas.

O meado do século XIX constitui um período crucial para a emergência da objetividade científica, e particularmente pela fusão de seus componentes epistemológico e moral. A objetividade científica nasceu no meio do século XIX. Foi somente nas primeiras décadas do século XIX que as palavras "objetividade" e "subjetividade" apareceram nos dicionários alemães, e foram assimiladas em francês e em inglês nos anos 1830. Os termos vizinhos em latim aparecem essencialmente sob a forma adverbial *objetivado* e *subjetivado* na filosofia escolástica do século XIV, mas seu sentido era quase contrário ao moderno: *objectivus* designava então os objetos do pensamento, *subjectivus* os objetos fora de nós. Foi Kant quem desempoeirou essa terminologia escolástica e lhe deu um novo fôlego. Já em 1820, um dicionário alemão definia o termo *objektiv* em seu novo sentido, aquele que hoje nos é familiar, de "relação a um objeto exterior", e o termo *subjektiv* como "pessoal, que está em nós, por oposição a objetivo". Em 1847, um dicionário francês igualmente definia o termo *objectif* como "tudo aquilo que está fora do sujeito pensante", e o atribui à "nova filosofia alemã". Por volta de 1850, a oposição entre objetivo e subjetivo se torna filosoficamente indispensável para as principais línguas europeias; por volta de 1860, as novas formas de objetividade aparecem em numerosas disciplinas científicas, com suas metafísicas, seus métodos e suas morais próprias.

Eu gostaria de dedicar esses minutos que me restam à descrição de uma das figuras inéditas da objetividade, que eu chamarei de "objetividade mecânica". A objetividade mecânica foi uma resposta às formas de projeções subjetivas sobre o mundo natural, inclusive o julgamento científico e a idealização estética. Foi apenas na metade do século XIX que os cientistas começaram a vislumbrar essas mediações como perigosamente subjetivas. Seus predecessores do século XVIII se entregaram abertamente e mesmo orgulhosamente à capacidade de cada um de descobrir as verdades universais e estáveis da natureza, verdades das quais derivavam os objetos diversos e singulares. Os astrônomos que selecionavam cuidadosamente suas observações dos cometas, os anatomistas que desenhavam os esqueletos à perfeição, os botânicos que queriam extrair de um mosaico de flores diferentes o modelo arquetípico da orquídea, todos eles almejavam à exatidão, mas não tinham pretensão de objetividade. Eles recorriam tranquilamente à seleção, ao julgamento e à interpretação a fim de revelar o tipo geral dissimulado por trás do órgão ou do organismo particular, a curva regular por trás das observações disparatadas, a ordem da verdade por trás da aparência da desordem. A interpretação e o julgamento podiam bem ser subjetivos, eles ainda não eram perigosamente subjetivos.

Por volta de 1860, pelo contrário, toda espécie de interpretação aberta se torna em ciência um objeto de suspeição. "Deixem a natureza falar por ela mesma", tal era a palavra de ordem de uma nova forma de objetividade, que ganha numerosos discípulos. Em 1865, Claude Bernard exorta os experimentadores a escutar sabiamente a natureza em vez de falar em seu lugar: "Sim, sem dúvida, o experimentador deve forçar a natureza a se desvelar, atacando-a e colocando questões de toda ordem; mas ele nunca deve responder por ela nem escutar incompletamente suas respostas, tomando na experiência apenas a parte dos resultados que favorecem ou confirmam a hipótese"[1]. Desde então, toda intervenção aparentemente corre o risco de engendrar uma distorção da verdadeira face da natureza, por antropomorfismo, por idealização estetizante, por imposição de uma teoria já pronta.

Essa nova objetividade é nominalista na sua metafísica, mecânica nos seus métodos e autoconstritiva em sua moral. As imagens científicas não são mais feitas de tipos, de ideais, de normas ou de médias, mas de indivíduos concretos,

---

[1] Claude Bernard, *Introduction à l'étude de la médecine expérimentale* (1865), F. Dagognet (éd), Paris: GF-Flammarion, 1966, p. 53.

com todas as suas particularidades. Em todos os lugares onde isso é possível, as imagens e os procedimentos são mecanizados. Os esquemas obtidos com a ajuda da *camera obscura*, os traçadores automáticos e finalmente a fotografia substituem os desenhos feitos à mão; os instrumentos que inscrevem por eles mesmos seus resultados, como o esfigmógrafo ou o fuzil fotográfico, substituem os observadores humanos. O julgamento e a escolha pessoal na seleção e a apresentação dos dados cedem lugar aos procedimentos rotineiros e disciplinados para a observação e a medida, como indica por exemplo a difusão das técnicas estatísticas dos dados em astronomia e em geodésia. Mas as garantias mecânicas em si não bastam para proteger a natureza das projeções do cientista: é também a partir do interior que é preciso lutar contra a especulação interpretativa, o arbitrário das escolhas, o senso artístico. Nesses termos que lembram deliberadamente o ascetismo cristão, Ernest Renan, defensor francês da modernidade, faz o "elogio dos heróis da ciência que, capazes de visões mais elevadas, puderam se defender de todo pensamento filosófico antecipado e se resignar a serem humildes monógrafos, quando todos os instintos de sua natureza os teriam levado a voar às mais elevadas altitudes"[2]. Sobre o tom que comanda a humildade, aquela da renúncia de si e da sua própria vaidade, essas injunções dotam a objetividade mecânica de um alto valor moral e celebram nela um triunfo que é tanto da vontade quanto das técnicas e dos instrumentos.

Se não tomamos em conta a dimensão moral da objetividade mecânica, é difícil compreender como a fotografia pôde se tornar ao mesmo tempo sua substância e seu símbolo. Mesmo a mais clara das fotografias formiga de detalhes secundários próprios aos objetos e aos eventos individuais, exigindo de seu leitor que ele ponha em ação competências de reconhecimento e de generalização a fim de constituir a classificação dos objetos ou dos fenômenos representados. Além disso, mesmo se a busca de uma fidelidade em relação àquilo que é visto a olho nu prevalecia sobre a fidelidade a uma verdade da natureza, no sentido dos naturalistas da época precedente, um croqui cuidadoso muito frequentemente teria fornecido um registro mais realista que uma fotografia granulada e mal enquadrada, sobretudo antes do aparecimento das técnicas de colorização. No entanto, na segunda metade do século XX, pesquisadores vindos de disciplinas muito diversas das ciências naturais, desde a astronomia até a paleontologia, viram na fotografia um emblema da autenticidade, se não da precisão. Por seu caráter não-mediado, automático, por meio do qual a natureza parece se descrever por si mesma sem mediação humana, a fotografia se impôs aos cientistas mesmo se, ansiosos de sua própria

---

[2] E. Renan, *L'avenir de la science*. Paris: Calmann-Lévy, 1890, p. 235.

falibilidade, eles estivessem igualmente conscientes e inquietos sobre suas insuficiências enquanto processo de reprodução. Assim como para todas as formas de objetividade – e, novamente, a objetividade mecânica é apenas uma daquelas que fizeram sua aparição por volta de 1860 –, a exigência principal era menos a de alcançar a verdade ou a certeza que se libertar de certos aspectos da subjetividade, aqui, notadamente, a interpretação.

Eu espero que esse capítulo muito breve da história atormentada da objetividade científica permita compreender porque eu não começo meu relato com Bacon ou Descartes ou outra das figuras do século XVII que tradicionalmente designamos como os pioneiros da objetividade. Eles são os pioneiros da epistemologia, da dúvida filosófica acerca dos benefícios e das armadilhas da objetividade. Mas se a objetividade científica começa por um diagnóstico epistemológico, ela não para aí. A epistemologia propõe os princípios; a objetividade científica acrescenta-lhe as práticas e os tabus morais. Não se trata de dizer simplesmente que a objetividade científica prolonga os princípios da epistemologia; ela também pode contradizê-los. No caso da objetividade mecânica, se preferirá fotografias borradas, em preto e branco, aos excelentes desenhos naturalistas coloridos e ricos de detalhes, e isso em nome da autenticidade. Sem a moralidade da objetividade, não seria possível, quando isso se tornou necessário, corrigir as práticas que prestavam um desserviço aos objetivos epistemológicos tais como a precisão e a verossimilhança. Mas com o valor moral da autenticidade característico da objetividade mecânica, esse tipo de arranjo teria sido suspeito de trapaça ou de bricolagem *ad hoc* dos resultados e dos procedimentos. Assim, não são apenas as práticas, mas também as obrigações morais ligadas a essas práticas que distinguem a objetividade científica e suas diversas manifestações da epistemologia filosófica. Para dizê-lo de maneira mais geral: a epistemologia histórica não deve ser confundida com uma história da epistemologia.

Uma história da objetividade científica é simplesmente um dos exemplos do tipo de projeto que pode ser posto em execução sob a bandeira da "epistemologia histórica". Em Berlim, eu estou igualmente envolvida com muitos dos meus colegas em um projeto sobre a história e as variedades da experiência científica: ele trata de temas como a observação clínica, a prova jurídica, os instrumentos de medida, o trabalho de campo em história natural, os *savoir-faire* corporais na experimentação, a introspecção em psiquiatria e a simulação informática em física. Assim como o é para a história da objetividade científica, nosso objetivo é dissolver a evidência daquilo que se dá como primeiro e fundamental em ciência – e nós empregamos o termo "ciência" no sentido amplo ao qual remete o termo alemão *Wissenchaft*, que compreende a filologia tanto quanto a física. O que existe de mais evidente, de mais primitivo, de mais *dado* que um fato científico? Não obstante, os fatos – enquanto forma específica da experiência científica oposta à pura realidade exterior – aparecem apenas no século XVII, recompondo a trama do natural a partir do tecido liso dos universais aristotélicos, para chegar à textura granulosa e pontilista dos fatos baconianos. Cada forma da experiência, desde as viagens exóticas de um Alexandre von Humboldt ou de um Charles Darwin até as medidas de precisão do seminário de física de Königsberg, constitui um agregado denso e original de conceitos, de práticas e daquilo que podemos chamar de economias morais – uma rede de valores saturados de afetos, que se apoiam mutuamente e que funcionam como um conjunto.

Eu gostaria de concluir com uma breve observação a propósito do caráter particularmente estéril da oposição entre o "social" e o "racional" que tanto preocupou os historiadores, os sociólogos e os filósofos ao longo dos últimos vinte anos. Parece que, nesse debate de múltiplas facetas, os diversos protagonistas compartilham implicitamente duas premissas: em primeiro lugar, a de que o racional e o social são tão pouco misturáveis quanto água e óleo, e, em segundo lugar, a de que o fato de tornar históricas as categorias fundamentais da ciência implica *ipso facto* a contestar sua validade. Do meu ponto de vista, nenhuma dessas afirmações é defensável. Pretender que uma teoria científica ou que uma técnica tem origens, significados ou funções sociais nada diz sobre sua validade: os conceitos do cálculo das probabilidades podem muito bem ter encontrado sua fonte no seio das práticas econômicas e legais pré-modernas do contrato aleatório, a nomenclatura botânica de Lineu pode ter encontrado suas evidências na doutrina bastante estranha da frugalidade divina e da autossuficiência nacional, Darwin pode ter esperado que suas investigações sobre a inteligência e as emoções dariam argumentos aos movimentos opostos à vivissecção na Inglaterra vitoriana. Esses enraizamentos sociais não refutam tanto quanto não confirmam a teoria das probabilidades, nem a classificação lineana, nem a teoria darwiniana da evolução. Existe aqui um ponto mais importante a ser destacado: ao opor o "social" ao "racional" em ciência como se faz habitualmente, se interdita a possibilidade de ver as condições sociais necessárias para o exercício de uma forma ou outra de racionalidade. Apenas um exemplo: o empirismo coletivo, tão original e tão característico da nova filosofia experimental no século XVII, repousa de modo crucial sobre os valores sociais da confiança e da abertura entre os membros de uma rede muito ampla de correspondentes. Poderíamos fazer uma observação análoga a propósito da ideia estranha, mas difundida, segundo a qual historicizar equivale a invalidar. Propor, por exemplo, que a objetividade científica ou que os fatos científicos têm uma história não significa desvalorizá-los, assim como não desvalorizamos a geometria analítica ou mesmo a música polifônica ao mostrar que elas nasceram em um lugar e em uma época determinados.

Em vez de nos estendermos sobre essas supostas oposições entre o social e o racional, ou entre aquilo que é histórico e aquilo que é verdadeiro (ou ainda, aquilo que é útil), devemos, ao contrário, começar por interrogar essas próprias oposições. Quais noções da verdade e da história é preciso adotar a fim de que seja impossível mantê-las juntas? Quais são as concepções do social e do racional que interditam a razão a um e a sociabilidade ao outro? Não vale mais a pena nos dedicarmos a submeter a um exame o monólito aparente da racionalidade, a elaborar uma taxonomia de suas diferentes espécies (por exemplo, a racionalidade da demonstração matemática por oposição à racionalidade material da manipulação experimental) e a desfazer os nós da sua história longa e emaranhada? Talvez seja ao passar os debates tradicionais pelo crivo da análise da epistemologia histórica que nós podemos fazê-los dar frutos a longo prazo.

O QUE PODE SER UM OBJETO CIENTÍFICO? REFLEXÕES SOBRE MONSTROS E METEOROS*

O que pode se tornar objeto de investigação científica e por que? Por que não temos uma ciência das espirais de poeira num dia ventoso? Por que temos uma ciência do interior dos corpos dos animais, ou das formas dos cristais, ou da genealogia das línguas? Que aspectos ontológicos, epistemológicos, metodológicos, funcionais, simbólicos e/ou estéticos qualificam ou desqualificam sonhos, o movimento de projéteis, o crescimento e diminuição do produto nacional bruto, nascimentos monstruosos ou a valência dos elétrons como objetos científicos?

A resposta de Aristóteles para esta questão é ao mesmo tempo a mais antiga e, de forma um tanto diluída, a mais duradoura. As ciências só podem ser feitas a partir de regularidades, "daquilo que é sempre ou pelo maior período de tempo" (*Metafísica*). Porém, apenas regularidades raramente são suficientes para selecionar objetos científicos a partir de objetos comuns da experiência cotidiana: se uma classe de fenômenos é quantificável, manipulável, bela, experimentalmente repetível, universal, útil, publicamente observável, explicável, previsível, culturalmente significativa ou metafisicamente fundamental; tais são critérios que fortalecem pretensões de objetividade científica além da mera regularidade. Tais critérios por vezes se sobrepõem, mas raramente coincidem inteiramente. A intensidade das atitudes psicológicas pode ser quantificável com a ajuda de tabelas com escalas de classificação, mas isto não é algo publicamente observável; a teoria da evolução explica sem predizer, e previsões estatísticas, econômicas e meteorológicas, predizem sem explicar; os eventos da física de alta energia podem ser metafisicamente fundamentais, mas raramente são experimentalmente repetíveis. Um estudo acerca do que pode e não pode se tornar um objeto científico deve levar em conta como estas redes múltiplas se sobrepõem à experiência bruta para destacar alguns fenômenos e ocluir

---

* Tradução de Derley Menezes Alves. "What Can Be a Scientific Object? Reflections on Monsters and Meteors". In: *Bulletin of the American Academy of Arts and Sciences*, vol. 52, n°. 2, nov. - dez., 1998, pp. 35-50.

outros. Se não temos uma ciência das espirais de poeira num dia ventoso, não é somente, nem mesmo principalmente, devido ao caráter irregular do fenômeno.

Se a regularidade não é uma condição suficiente para a objetividade científica, ela é pelo menos condição necessária? Meu objetivo nesta palestra será discordar até dessa pretensão mínima por meio de contraexemplos históricos. Nos séculos XVI e XVII, filósofos naturais e mesmo alguns matemáticos devotaram sua atenção para fenômenos anômalos – aqueles descritos por Francis Bacon como "instâncias divergentes: tais como os erros da natureza ou objetos estranhos e monstruosos, nos quais a natureza desvia-se e afasta-se de seu curso ordinário". Estes fenômenos eram, na linguagem daquele tempo, *praeter naturam* (além da natureza), o que era uma notável divergência em relação àquilo "que é sempre ou pelo maior período de tempo". A categoria do preternatural envolvia a aparição de três sóis no céu; o nascimento de gêmeos siameses; o pequeno peixe capaz de parar um navio de vela hasteada; uma cabeça de Medusa encontrada em um ovo de galinha; paisagens visíveis em um mármore de Florença; as propriedades ocultas de certos animais, plantas e minerais; espécies exóticas como girafas e pássaros do paraíso; chuvas de trigo ou sangue; a força da imaginação sobre a matéria – enfim, para citar Meric Causabon em seu *Treatise Concerning Enthusiasm* (1655), tudo que acontece "extraordinariamente (quanto ao curso ordinário da natureza), embora não menos natural".

A condicional "embora não menos natural" era a chave para aquilo que eu chamo de filosofia preternatural, pois por mais maravilhosos ou mesmo incríveis que seus objetos possam parecer, eles eram claramente separados do miraculoso e do sobrenatural. Entre os praticantes da filosofia preternatural, havia a premissa inflexível de que tais anomalias poderiam ser explicadas, em última instância, recorrendo-se a causas naturais. Daí sua pretensão ao título de "filosofia", o repositório das explicações causais, em oposição à simples "história", uma reunião de particulares desconexos. De fato, a filosofia preternatural estabeleceu os padrões mais ambiciosos para explicações científicas do começo do século XVII. Mesmo filósofos naturais tão profundamente céticos em relação às maravilhas como René Descartes aceitavam o desafio representado por tais objetos no que diz respeito a qualquer explicação sistemática de causas naturais; Descartes prometeu que não haveria "qualidades tão ocultas, efeitos de simpatia e antipatia tão maravilhosos ou estranhos, enfim coisa alguma tão rara na natureza" que sua filosofia mecanicista não pudesse explicar.

O desafio da filosofia preternatural para os primeiros filósofos naturais modernos, tanto tradicionais quanto reformados, era duplo. Primeiro, as coisas estranhas que eram seus objetos expandiam enormemente o domínio dos fenômenos que requeriam explicação filosófica. Embora os aristotélicos nunca tenham negado a existência de raras exceções ao curso comum da natureza ou nunca tenham duvidado que estas poderiam ser explicadas por causas naturais, eles excluíram tais estranhezas do alcance da filosofia natural por não serem regulares nem, *a fortiori*, demonstráveis. Em contraste, os primeiros filósofos modernos do preternatural, como Pietro Pomponazzi, Girolamo Cardano, Bernard Palissy e Francis Bacon, deslocaram as maravilhas da natureza da periferia para o centro de sua filosofia e tentaram explicar até os fenômenos mais singulares.

Em segundo lugar, a filosofia preternatural expandiu o alcance das explicações bem como dos objetos a serem explicados. Enquanto filósofos naturais medievais, seguindo Galeno, reconheciam a existência de propriedades escondidas ou ocultas em certos animais, ervas e pedras, eles se contentavam em atribuir tais propriedades simplesmente a "formas substanciais" ao invés de propriedades manifestas de quente, frio, seco e úmido, cujas combinações davam conta do curso ordinário da natureza. Tomando emprestado do neoplatonismo de Marsílio Ficino, dos tratados médicos e de história natural sobre as virtudes secretas de ervas e gemas, dos escritos de Avicena sobre a alma e de uma miscelânea de outras fontes, os primeiros filósofos preternaturalistas introduziram novos tipos de causas – influências astrais, virtudes plásticas, a imaginação, simpatias e antipatias – para enfrentar o desafio de seus novos *explananda*. A "natureza" da filosofia preternatural era, assim, duplamente transformada em suas causas e efeitos. Apesar do compromisso inflexível de seus praticantes com a explicação causal, excluindo firmemente tanto o demoníaco quanto o divino, a filosofia preternatural parecia claramente não-natural a partir dos padrões das filosofias naturais que a precederam e sucederam.

É meu objetivo nesse ensaio explorar como e por que os objetos da filosofia preternatural se converteram, em meados do século XVI, numa categoria acessível ao estudo científico – uma categoria que devo epitomizar em dois de seus mais proeminentes membros, monstros e meteoros – para se tornarem de novo estranhezas e anomalias difusas amplamente ignoradas pelos cientistas desde o começo do século XVIII. Objetos preternaturais continuaram a existir, mas não mais como objetos científicos. Defenderei que a cola que mantinha a categoria do preternatural unida era composta de uma ontologia, epistemologia e sensibilidade distintivas. Entretanto, por questões de clareza analítica, discutirei cada tópico separadamente; embora eles sejam fortemente imbricados. Quando a filosofia preternatural se desintegrou, não foi porque seus objetos ou forças características foram sumariamente descartados – alguns, como os fluidos etéreos e a imaginação, permaneceram centrais para a ciência do Iluminismo – mas sim porque seus princípios unificadores foram desvendados.

Ontologia: coisas raras e rarefeitas

Objetos preternaturais foram selecionados inicialmente em bases ontológicas. Os primeiros filósofos modernos seguiram as fontes escolásticas e medievais ao opor o natural a pelo menos outras três categorias (com a adição do artificial): o sobrenatural (*supra naturam*, "acima da natureza"), o preternatural (*praeter naturam*, "além da natureza") e o antinatural (*contra naturam*, "contra a natureza"). O sobrenatural diz respeito exclusivamente a Deus e ao genuinamente miraculoso, (i.e., quando Deus suspendeu sua providência comum para advertir, punir ou recompensar). O antinatural também era moralmente pesado e se referia a atos particularmente abomináveis, como parricídio ou bestialismo, aquilo que viola a ordem normativa tanto da natureza quanto da natureza humana. Ao contrário, o preternatural era, com uma exceção, uma categoria neutra, que dizia respeito a coisas ou eventos fora da ordem cotidiana da natureza, mas ainda derivado de causas naturais, apesar de estranhamente concatenadas. A exceção era o trabalho dos demônios, que não poderiam usurpar a prerrogativa divina de suspender a ordem da natureza, mas que poderiam executar, senão milagres, maravilhas, mediante a hábil costura de propriedades naturais e forças ordinariamente encontradas separadas, de modo a produzir fenômenos preternaturais. De inteligência mais aguçada, pés mais ligeiros e toque mais leve que os humanos, os demônios poderiam produzir efeitos notáveis, mas eles eram, apesar disso, obrigados a trabalhar dentro do limite das causas naturais. A filosofia preternatural era a ciência das maravilhas naturais – uma tentativa ousada de forçar a investigação "até as propriedades e qualidades daquelas coisas que podem ser julgadas milagres, por assim dizer, da natureza, serem reduzidas a e compreendidas em alguma forma de lei; de modo que toda irregularidade ou singularidade possa ser descoberta como dependente de alguma forma comum", conforme aponta Bacon.

O que poderia contar como uma maravilha da natureza? Os critérios são múltiplos e se entrelaçam, e nenhum se aplica a todos os membros do grupo. Alguns fenômenos eram considerados maravilhas devido a seu modo de operar oculto da percepção. Tais eram a atração magnética, os venenos ou as propriedades de certos animais, plantas e minerais: por exemplo, o poder da urina do javali selvagem para curar dor de ouvido, o da ametista para repelir granizo e gafanhotos. Simpatias e antipatias entre espécies de animais e plantas também pertenciam a esta categoria de propriedades ocultas: porque lobos e ovelhas eram inimigos eternos, um tambor feito de pele de ovelha não soaria diante de um feito de pele de lobo, ou porque "o macaco, entre todas as coisas, não suporta o caracol"*. Estes são exemplos de atrações e repulsas naturais que não poderiam ser inferidas ou previstas a partir das propriedades manifestas de quente, frio, úmido e seco. Embora, em princípio, propriedades ocultas sejam tão regulares quanto as manifestas, elas eram opacas para a observação e resistentes a explicações – a não ser quando se recorria à estratégia das igualmente inescrutáveis "formas substanciais" – e, portanto, além do alcance da filosofia natural convencional.

Outros objetos e fenômenos pertenciam à filosofia preternatural porque eram raros: videiras barbudas, terremotos, três sóis no céu, chuvas de sangue, gatos de duas cabeças, pessoas que dormiam por meses ou lavavam as mãos em chumbo fundido, visões de exércitos guerreando nas nuvens. Não somente indivíduos raros, espécies raras também poderiam se qualificar como objetos da filosofia preternatural. Do mesmo modo que crocodilos empalhados e pássaros do paraíso balançavam no teto de bem abastecidas *Wunderkammern***, eles também apareciam nas páginas dos tratados sobre filosofia preternatural. O cirurgião francês Ambroise Paré regalava seus leitores com relatos ilustrados não somente do potro nascido com cabeça humana próximo a Verona em 1224, mas também de baleias, avestruzes, girafas e outras espécies exóticas para os Europeus. Claro que não havia nada intrinsecamente raro nessas criaturas – as girafas certamente não deslumbravam os africanos, assim como os elefantes os indianos. Sua raridade era o artefato de uma perspectiva etnocêntrica europeia familiarizada com espécies estrangeiras a partir de, no máximo, um único exemplar empalhado (ou talvez apenas a partir de uma garra ou casco) e mais frequentemente por meio de uma xilogravura feita a partir de relatos de segunda mão e plagiada infinitamente, como no caso do rinoceronte de Dürer.

O desafio ao se explicar peculiaridades individuais era duplo. Primeiro, muitas delas – particularmente nascimentos monstruosos e aparições celestiais – eram interpretadas tradicionalmente como presságios, sinais enviados diretamente de Deus para anunciar reformas religiosas ou desastres iminentes. Durante as revoltas políticas e religiosas dos séculos XVI e

---

* *N. do T.*: Frase presente em um tratado de magia do século XVI, *Natural Magick*, escrito por John Baptista Porta, publicado em tradução inglesa no ano de 1658. O macaco era entendido com um animal embriagado e o caracol como uma cura para a embriaguez, de modo que haveria uma inimizade natural entre ambas as criaturas.

** *N. do T.*: Gabinete de curiosidades ou quarto de maravilhas.

princípios do XVII, a hermenêutica dos prodígios floresceu tanto nas páginas em língua vernácula quanto nos tratados em latim por toda Europa. Vistos como avisos divinos, fenômenos estranhos oscilavam no limite do sobrenatural, não acessíveis a explicações naturais ou mesmo preternaturais. Segundo, mesmo quando os prodígios eram classificados como maravilhas naturais ao invés de presságios divinos, eles eram atribuídos ao "acaso" – ou seja, a um emaranhado de acidentes excepcionalmente combinados. Desenredar tais coincidências, caso a caso, era a tarefa árdua e frequentemente insolúvel do filósofo preternatural.

Se os filósofos preternaturais eram persistentes em sua aderência a explicações exclusivamente naturais, eles, por outro lado, frequentemente invocavam causas tão completamente extraordinárias quanto os efeitos a se explicar. Influências celestiais, eflúvios sutis, a *vis imaginativa*, acaso, princípios vegetativos e sexuais estendidos aos minerais, virtudes plásticas e o simples capricho da natureza eram todas causas que poderiam oferecer um dúbio pedigree aristotélico, mas que de fato derivavam tanto dos escritos de Plínio, Avicena e Marcílio Ficino quanto da *Meteorologia* ou d'*O Céu*. O que era característico de muitas, mas não de todas estas causas preternaturais, era a ação de vapores rarefeitos sobre a matéria mole e flexível. Se cometas eram presságio da morte de príncipes, isto se devia às mesmas exalações secas que alimentavam o cometa afligirem os poderosos e elevados, cujos gostos delicados e luxuriosos os faziam suscetíveis a impressões vívidas e doenças agudas. As mulheres às vezes davam à luz a crianças com chifres e caudas, não por terem dormido com demônios, mas porque suas imaginações exauridas haviam impresso uma forma diabólica na matéria mole do feto. A famosa ágata do Rei Pirro, representando Apolo e as nove musas, era originalmente uma pintura no mármore deixada por acaso "onde as ágatas são comumente engendradas", de modo que a pedra mole nascente absorveu a imagem.

O que surpreende quanto ao tom dessas explicações, se não quanto ao conteúdo, é seu naturalismo militante. Em primeiro lugar, eles eram militantes em suas ambições explicativas, indo do maravilhoso até quase ao miraculoso. No caso da aparição de Santo Celestino, cometas pressagiosos e certos monstros ominosos, os filósofos esticaram o preternatural perigosamente próximo da fronteira com o sobrenatural. Além disso, as explicações eram obstinadamente factuais e materialistas. Se a imaginação podia operar mudanças materiais em um feto, o corpo de outra pessoa, ou mesmo em um objeto inanimado, isto era possível devido a emissão invisível, mas ainda assim material de eflúvios. Bacon tratava tais casos de suposto poder da imaginação lado a lado com "as transmissões ou emissões das partes mais sutis e tênues dos corpos; como nos odores e infecções", progredindo por gradações até a "emissão de virtudes imateriais" no caso de simpatias entre indivíduos. "Corpos aéreos" tornaram-se gradualmente atenuados em atrações à distância, tais como eletricidade e magnetismo, depois em "influxos dos corpos celestes", tais como calor e luz, e finalmente na "infecção do espírito para o espírito", como no deslumbramento e no rubor. Em todos os casos, o modelo subjacente era aquele do contágio por miasma, e as implicações eram de que os mais prodigiosos poderes da imaginação operavam segundo princípios tão mundanos quanto aqueles mediante os quais "a pimenta-da-Guiné provocava espirros contínuos em todos presentes no salão"*.

Epistemologia: o oculto, o raro e o difícil

Os objetos da filosofia preternatural eram raros e heteróclitos, suas causas, ocultas e irregulares. Enquanto a filosofia natural aristotélica necessitava de um aparato epistemológico leve para estudar as propriedades manifestas e as regularidades comuns, os primeiros filósofos preternaturais precisavam de uma maquinaria mais pesada para fundamentar o conhecimento de tais fenômenos elusivos e geniosos. Primeiro, havia o problema de como a filosofia preternatural poderia ser chamada, de fato, de conhecimento, uma vez que seus tratados estavam abarrotados de casos particulares, ao invés dos universais tradicionalmente pensados como a substância da filosofia. Embora a filosofia preternatural se esforce para fornecer explicações para suas particularidades singulares (em agudo contraste com os historiadores naturalistas), o trabalho de coletar e explicar mesmo estas raridades poderia "nunca chegar a um fim", como lamentava Cardano no final de seu tratado de quatrocentas páginas. Quando Descartes substituiu isso por uma filosofia natural das "coisas comuns que todos ouviram", tal se deu porque ele rechaçou as investigações laboriosas e abertas da filosofia preternatural: "pois seria necessário, em primeiro lugar, ter pesquisado todas as ervas e pedras que vem das Índias, seria necessário ter visto a Fênix, enfim, não ignorar nada do que é mais estranho na natureza".

A referência de Descartes às Índias traz à luz o segundo dilema epistemológico da filosofia preternatural: ela lidava com raridades e maravilhas, mas para quem tais coisas eram raras e maravilhosas? Aquilo que surpreenderia o leitor leigo confinado a sua casa poderia extrair bocejos de um viajante experimentado ou de um naturalista. Numa dinâmica muito próxima

---

* N. do T.: Bacon, *Of the transmission and influx of immateriate virtues, and the force of the imagination*. In: *Works in Tem Volumes. Vol II.* London: H. Bryer, Bridge-Street, Blackfriars, 1803.

daquela apresentada pela economia colecionadora dos *Wunderkammer* dos séculos XVI e XVII, objetos preternaturais poderiam perder seu caráter especial devido a superexposição. Assim como inundar o mercado com chifres de nerval trouxe o preço do "chifre de unicórnio" de 6000 florins em 1492 para algo em torno de 32 florins em 1632, a maravilha de ontem pode se tornar o lugar-comum de hoje. Uma epistemologia do raro era consideravelmente sensível ao contexto local.

A filosofia natural tinha seu próprio critério tradicional para o maravilhoso, se não para o raro: a ignorância das causas provoca espanto que, por sua vez, é a origem da filosofia. Consequentemente, o conhecimento das causas destrói o maravilhoso, do mesmo modo que olhar por trás das cortinas de um show de marionetes diminui a maravilha das pequenas figuras aparentemente dotadas de movimento independente (uma imagem evocada incialmente por Aristóteles). Embora seu objeto de interesse não pudesse ser menos aristotélico – Aristóteles pensava que os primeiros filósofos iniciaram seu maravilhamento com os fenômenos mais óbvios, não os mais esotéricos –, os filósofos preternaturalistas entendiam sua missão em termos aristotélicos: explicar o maravilhoso. Era deles o trabalho hercúleo de uma filosofia natural que acabasse com o maravilhoso por meio do conhecimento.

O preternatural era tudo aquilo que escapava pelas brechas da epistemologia aristotélica – o subsensível, variável, raro. As reflexões epistemológicas de Bacon ecoavam este tema da dificuldade ao enfatizar que não apenas as enfermidades da mente humana (ídolos da tribo, caverna, mercado e teatro), mas também o caráter desviante da natureza, são cheios de "imitações enganadoras das coisas e seus sinais, meandros, dobras e nós intrincados" que retardam a filosofia natural.

Sensibilidade: maravilha e poder

As ambições explicativas da filosofia preternatural eram uma faca de dois gumes. De um lado, os filósofos preternaturalistas eram os virtuoses de sua disciplina, ampliando audaciosamente as explicações naturais para dar conta das maravilhas e, até mesmo, dos milagres. Enquanto naturalizadores, eles eram inimigos jurados das maravilhas, dedicados a erguer a cortina para expor as manipulações dos titeriteiros. Neste sentido, Cardano orgulhosamente declarava que as chuvas de peixes e sapos não eram "prodígios", posto que poderiam ser explicadas pelos ventos fortes que carregavam tanto animais e mesmo pedras para grandes alturas. Mas, por outro lado, os filósofos preternaturalistas eram aficionados por maravilhas, seus tratados transbordando de histórias (*stories*) e exemplos que não apenas poderiam, mas de fato encontraram seu caminho rumo às compilações descaradamente populares de maravilhas.

Os usos e abusos das maravilhas na filosofia natural foi um tema que recebeu considerável atenção em meados do sec. XVII, em parte devido à proeminência da filosofia preternaturalista. Bacon afirmava que "o entendimento é excitado pelas obras raras e extraordinárias da natureza e levado à investigação e descoberta de formas capazes de as incluir", mas ele também desprezava os empiristas cujos testes sem foco "sempre terminavam em maravilhamento e não em conhecimento". Descartes era, talvez, o mais claro quanto ao equilíbrio delicado a ser atingido entre o excesso e a justa medida de maravilhas. Ele reconheceu a utilidade das maravilhas "para nos fazer aprender e manter na memória coisas as quais antes éramos ignorantes". Mas esta "maravilha [*admiration*] útil" deve ser distinta da "perplexidade [*estonnement*]" estupeficante que "faz com que todo o corpo permaneça imóvel como uma estátua, de modo que não se percebe nada mais do objeto além da primeira impressão, de modo que não é possível adquirir mais conhecimento particular". A perplexidade e o maravilhoso diferem em grau – "perplexidade é um excesso do maravilhoso" –, mas seus efeitos cognitivos são diametralmente opostos. Enquanto que o maravilhoso estimula uma investigação atenta, a perplexidade a inibe e é, portanto, Descartes afirma, sempre ruim.

O gerenciamento do maravilhoso tinha implicações sociais e políticas tanto quanto cognitivas, posto serem as maravilhas imbricadas com o segredo e este ser a província dos príncipes. Pelo menos desde o séc. XIV, exibições elegantes de magnificência apresentavam toda sorte de maravilhas para impressionar os súditos e, especialmente, convidados estrangeiros com a riqueza e poder do governante. Cardano descreveu como o Imperador Carlos V foi celebrado em Milão, na corte de Sforza com "coisas maravilhosas [que] encantaram os olhos de todos os presentes". Galileu buscou o favor dos Médici oferecendo-lhes "segredos privados, tão úteis quanto curiosos e admiráveis". Deslumbrar com maravilhas era uma forma de competição galante, particularmente em casamentos e coroações, quando embaixadores e potentados visitantes estariam presentes. Príncipes que seduziam seus convidados com maravilhas, similarmente se banhavam na luz que emanava delas, chegando mesmo a inspirar reverência bem como admiração. As maravilhas do príncipe eram imitações dos milagres de Deus.

A morte do preternatural

A filosofia preternatural não teve, por assim dizer, uma morte natural. Suas ontologia, epistemologia e sensibilidade características foram canibalizadas pela filosofia natural de fins do século XVII e começo do XVIII. A fascinação com relação ao que Bacon chamada de "novo, raro e incomum" persistiu até as primeiras décadas do século XVIII, como dão amplos testemunhos os primeiros números dos *Philosophical Transactions of the Royal Society of London* e da *Histoire et Mémoires de l'Académie Royale des Sciences*, em Paris. Títulos como "Uma garota na Irlanda, com vários chifres crescendo em seu corpo" ou "Novos fenômenos luminosos celestiais raros e singulares", ou ainda "Descrição de um cogumelo extraordinário" poderiam facilmente ser tirados dos tratados de filosofia preternatural publicados no século anterior. No mínimo, as ambições filosóficas naufragaram nesse ínterim, pois poucos desses relatórios, de sociedades científicas incipientes sobre fenômenos estranhos, arriscavam uma explicação causal. Robert Boyle, ao descrever seus experimentos com "*aerial noctiluca*" que brilhavam estranhamente no escuro, era tipicamente contido: "não é fácil saber que fenômeno pode ou não ser útil para enquadrar ou verificar uma hipótese acerca de um objeto novo e singular sobre o qual não temos ainda (que eu saiba) nenhuma hipótese assentada". Podemos imaginar Pomponazzi e Cardano, homens que se aventuraram a explicar milagres e prodígios, se revirando em seus túmulos.

Quando filósofos naturais de fins do sec. XVIII apresentavam hipóteses causais, eles frequentemente se valiam dos mesmos espíritos sutis e eflúvios rarefeitos, que eram os principais recursos explicativos da filosofia preternatural. As "Questões" (*Queries*), anexadas na *Óptica* de Isaac Newton (1704), são, talvez, as mais celebradas desses apelos tardios ao que viriam se tornar "princípios ativos" e "fluídos imponderáveis" para se explicar tudo, desde a eletricidade e o magnetismo até a percepção. Mas, mesmo a filosofia mecânica que precedeu Newton era abundante em "qualidades ocultas". De fato, o próprio "primeiro elemento" de Descartes, dividido em "partes indefinidamente pequenas", tão finas de modo a preencher todos os interstícios entre os corpos, é muito semelhante aos eflúvios dos filósofos preternaturalistas, tanto em função quanto em forma, pois Descartes notadamente invocava isto para explicar as atrações misteriosas do magneto e do âmbar e "inúmeros outros efeitos admiráveis". As teorias ortodoxas da eletricidade, magnetismo, luz e calor, bem como as teorias heterodoxas do magnetismo animal do século XVIII e princípios do XIX, reciclaram alegremente os espíritos sutis da filosofia preternatural do século XVI e princípio do XVII. Os fluídos elétricos de Benjamin Franklin e o calorífico de Lavoisier eram descendentes diretos das emanações aéreas de Bacon.

Apesar dessas sobrevivências ontológicas e epistemológicas, a própria filosofia preternatural desintegrou-se em fins do século XVII. Embora antologias populares de maravilhas continuassem a jorrar das prensas em todas as línguas europeias, e embora sociedades científicas importantes enchessem seus anais com relatos estranhos, poucos filósofos naturais respeitáveis o bastante para pertencer a estas sociedades ainda pensavam em colecionar estas esquisitices e suas explicações em livro. A filosofia preternatural deixou de ser um gênero. Isto não quer dizer que seus exemplos tenham sido desacreditados como sendo fabulosos, pelo menos não em larga escala. Embora os primeiros naturalistas modernos professassem ceticismo sobre este ou aquele item da história natural de Plínio – Conrad Gesner duvidava que as raízes da mandrágora gritassem quando arrancadas; Thomas Browne duvidava que elefantes fossem privados de articulações do joelho (mas não de que eles pudessem falar) – qualquer desmascaramento empírico era por necessidade lento e gradual. Tampouco foi a filosofia preternatural a vítima de uma eliminação completa daquilo que passou a ser chamado de "ciências ocultas" pela nova filosofia experimental. Além do fato de que estudos recentes mostram quão devedores são da alquimia figuras fundamentais como Newton e Boyle, a categoria moderna das ciências ocultas amontoa juntas tradições intelectuais – astrologia, alquimia, paracelsianismo, magia natural, hermetismo, história natural emblemática – que eram conceitualmente (e por vezes moralmente) distintas para os primeiros pensadores modernos. Finalmente, a filosofia preternatural não era o alvo da polêmica do final do XVII contra o segredo na ciência: ao contrário dos alquimistas, paracelsianos e muitos mágicos naturais, a filosofia preternatural não havia elaborado suas obras em linguagem deliberadamente obscura ou recusado conjecturas causais. Eles estudavam segredos, mas não eram secretos.

Por que, então, a categoria do preternatural se dissolveu em fins do séc. XVII? Seus solventes foram uma nova metafísica e uma nova sensibilidade, que afrouxaram sua coerência sem destruir seus elementos. A nova metafísica substituiu a natureza variada e variável da filosofia preternatural por uma que era uniforme e simples; a nova sensibilidade trocou a maravilha pela diligência, a curiosidade pela utilidade.

A sensibilidade que havia unido a filosofia preternatural em uma categoria coerente de investigação científica havia se dissolvido em meados do século XVIII. Mas apenas afirmar que a natureza é uniforme, regular e simples não poderia eliminar as anomalias e variabilidades estudadas pelos filósofos preternaturais. Os anais da história da eletricidade, fosforescência e magnetismo são repletos de resultados que não poderiam ser estabilizados pelo experimentador original, tampouco repetidos por outros. E se, em retrospecto, parece racional que os filósofos naturais do Iluminismo tenham começado a rejeitar de saída muitos dos fenômenos, os quais os filósofos preternaturais acreditavam sem hesitação, devemos lembrar também que eles se recusavam a acreditar na existência de chuvas de meteoros pois tais relatos exalavam o odor do prodigioso.

Retomando a questão com a qual comecei: o que pode ser um objeto científico e por que? No caso da filosofia preternatural, o problema é duplamente desafiador: não somente seus fenômenos característicos não mais excitam atenção científica sustentada; a coerência da categoria como um todo nos desconcerta. O que uma ovelha de três cabeças tem a ver com pedras caindo do céu? O que estes estranhos fenômenos tinham em comum, no contexto das primeiras investigações naturalistas modernas, era que eles desafiavam explicações convencionais – e, portanto, suscitavam o maravilhamento. Eles estimularam aquilo que era, indiscutivelmente, o mais ambicioso programa naturalizante que a ciência jamais havia visto, e jamais viu desde então, incomparável em sua amplitude e determinismo obstinado. Ambição explicativa grandiosa é algo que sobreviveu ao fim da filosofia preternatural, mas, o maravilhamento, não. Somente em apresentações públicas edificantes de ciência, em museus e programas do canal *Nova*, o espanto ainda é permitido. Esta tornou-se uma emoção para os consumidores, não para os produtores da ciência. Ai do cientista (ou, a propósito, do historiador) que confessa estar maravilhado em um encontro profissional. Mas, para Bacon, Descartes e seus contemporâneos, o maravilhamento ainda era uma paixão cognitiva – e fazedora de objetos científicos.

SOBRE A OBSERVAÇÃO CIENTÍFICA*

Além da epistemologia[1]

A observação está em todo lugar e em lugar nenhum na história da filosofia da ciência. É ubíqua como prática científica essencial em todas as ciências empíricas, sejam naturais ou humanas, e até mesmo, indiscutivelmente, na matemática, em algumas de suas fases exploratórias. Ela é invisível porque é concebida geralmente como tão básica a ponto de não merecer atenção, seja histórica ou filosófica. É verdade que na metade do século XX alguns filósofos se dedicaram ao tema, mas assim o fizeram por razões que reforçavam a visão científica da observação como primitiva e passiva. Positivistas lógicos na sua busca por uma "linguagem observacional neutra" abraçaram a doutrina dos dados puros, inocentes de qualquer teoria e, portanto, qualificados para julgar entre teorias concorrentes: justiça, na ciência como no direito, é, nesse sentido, idealmente cega. Pelas mesmas razões, seus críticos insistiram que observações eram "carregadas de teoria" e, portanto, incapazes de oferecer um julgamento neutro quando teorias entrassem em choque[2]. Em ambos os casos, o interesse primário dos filósofos da ciência era epistemológico e estruturado em termos neokantianos: haveria ou não haveria algo como uma observação científica não contaminada pela teoria? Esta era uma questão posta diante de um pano de fundo de medos acerca de como ideias preconcebidas, fantasias e outras "lentes" subjetivas poderiam "filtrar" ou "distorcer" resultados empíricos objetivos. Dados estes medos epistemológicos, quanto menos sofisticada e mais próxima de processos perceptivos elementares a observação pudesse ser feita, melhor. Mas esta

---

* Tradução de Derley Menezes Alves. Publicado originalmente como: "On Scientific Observation". In: *Isis*, vol. 99, n° 1, mar. 2008, pp. 97-110.
[1] Sou grata aos participantes do *Colloque de Cerisy* "Exercices de métaphysique empirique", por seus comentários a uma versão anterior desse trabalho, e ao *Working Group on the History of Scientific Observation*, pelas discussões capazes de transformar o pensamento, especialmente a Katharine Park e a Gianna Pomata, por me ajudarem a pensar todas as implicações da observação como um gênero epistêmico com uma história. As sugestões editoriais de Bernard Lightman ajudaram a equilibrar a balança entre história e filosofia.
[2] Para um relato vivo e perspicaz das posições filosóficas nas discussões anglófonas de meados do século XX sobre a observação científica ver Ian Hacking, *Representing and Intervening: Introductory Topics in the Philosophy of Natural Science* (Cambridge: Cambridge Univ. Press, 1983) pags. 167-185.

simplicidade rude foi precisamente o que tornou a observação muito óbvia para interessar aos historiadores e filósofos de fins do século XX, não mais preocupados com debates sobre positivismo lógico e que, ao invés disso, exploravam experimentos ativos e complexos, obtendo resultados notáveis[3].

O objetivo deste breve ensaio é argumentar em defesa de uma investigação filosófica e histórica acerca da *ontologia* da observação científica: como a observação especializada discerne e estabiliza objetos científicos para uma comunidade de pesquisadores. Esta é uma questão que se situa em algum lugar entre epistemologia (que estuda como observadores científicos adquirem conhecimento acerca dos objetos por eles escolhidos) e metafísica (que investiga a realidade última das entidades observadas – especialmente, no caso da observação científica, sob condições altamente mediadas por instrumentos e instalações engenhosas). A ontologia diz respeito a como os cientistas preenchem o universo com objetos que são passíveis de investigações e sondagens contínuas, mas que raramente correspondem aos objetos da percepção cotidiana – mesmo se os objetos científicos em questão são macroscópicos, não exigem instrumentos para que se tornem percebidos e sejam nomeados com termos da linguagem vernacular (oferecerei um exemplo histórico disso adiante neste ensaio). Para historiadores em particular, uma investigação profunda da história da investigação científica promete trazer à luz práticas variadas e refinadas, nenhuma delas simples ou autoevidentes, que conectariam a história da ciência à história dos sentidos e do eu, bem como ampliariam a história da experiência científica[4].

Uma investigação histórica e filosófica acerca da ontologia da observação científica não irá evitar completamente questões epistemológicas. Mas o tipo de epistemologia que ela trará será de tão pouco uso para as oposições que moldaram visões filosóficas (e históricas) sobre a observação desde meados do século XIX, tais como aquelas entre observação e teoria ou entre observação e experimentação, quanto para as buscas do positivismo lógico. Observadores científicos do século XVIII ficariam enormemente escandalizados por estas oposições rígidas, bem como pelas tentativas de Claude Bernard no sentido de marcar uma linha divisória entre experimento "ativo" e observação "passiva".

---

[3] A literatura produzida por este programa de pesquisa é vasta, mas estudos seminais de grande extensão incluem Hacking, *Representing and Intervening*; Nancy Cartwright, *How the Laws of Physics Lie?* (Nova Iorque: Oxford Univ. Press, 1983); Steven Shapin e Simon Schaffer, *Leviathan and the Air-Pump: Hobbes, Boyle and the Experimental Life* (Princeton, N.J.: Princeton Univ. Press, 1985); Peter Galisson, *How Experiments End* (Chicago: Univ. Chicago Press, 1987); and David Gooding, Trevor Pinch e Schaffer, eds., *The Uses of Experiment: Studies in the Natural Sciences* (Nova Iorque: Cambridge Univ. Press, 1989).

[4] Uma obra coletiva a ser publicada pelo Grupo de Trabalho de História da Observação Científica do Instituto Max Planck para História da Ciência oferecerá exemplos de tais práticas, tanto nas ciências humanas quanto nas naturais, do século XIII ao XX.

Para praticantes antigos e filósofos da observação, era autoevidente que observação não informada pela teoria era não apenas impossível, mas sem sentido e que observação e experimento estavam inextricavelmente entrelaçados[5]. Eles não misturavam observação científica com percepção bruta[6]. Nem uma linguagem de observação neutra tampouco o registro passivo de dados puros eram atraentes para eles. Estes eram sonhos kantianos, possíveis apenas depois que a distinção entre subjetividade e objetividade havia se estabelecido como grande divisão epistemológica, tanto entre cientistas quanto entre filósofos[7]. Uma investigação acerca da ontologia da observação provavelmente não irá mudar a epistemologia para posições pré-kantianas, embora seja útil lembrar que tais posições são possíveis, dada a amplitude e profundidade das influências kantianas e neokantianas tanto na história quanto na filosofia da ciência. Uma tal investigação, entretanto, pode provavelmente obscurecer a nítida distinção kantiana entre epistemologia e psicologia, ponto ao qual retornarei em minha conclusão. Também é provável que ela provoque um repensar do matiz cético da epistemologia moderna, tão pesadamente intensificado pelo esforço desconfiado para evitar erros mediante testes experimentais e prova por argumentos ao invés de ser uma ardente busca pelo novo: "não um uso teórico, mas uma descoberta teórica", como afirma Norwood Russell Hanson na introdução de seu acertadamente intitulado *Padrões de descoberta* (1958)[8].

Preenchendo o universo

É o hábito que torna a percepção do mundo possível. Isto é verdade, quanto a percepção ordinária, conforme as ciências da visão mostram com notável detalhamento desde o século XVII: sem, por exemplo, o hábito de ver o mesmo objeto como tendo o mesmo tamanho, independente da distância, seria

---

[5] Claude Bernard, *Introduction à l'étude de la medicine expérimentale* [1865], ed. François Dagognet (Paris: Garnier-Flamarion, 1866) pag. 52-54, 71. Para uma visão anterior, ver Benjamin-Samuel-Georges Carrad, *Essai qui a remporté le prix de la Société Hollandoise des Sciences de Haarlem em 1770, sur cette question, qu'est-ce qui d'observer*, 2 vols. (Geneva: Cl. Philiber et Bart Chirol, 1775), Vol. 1, pag. 43-47.

[6] Mesmo entre os campeões da observação científica na filosofia da ciência do século XX, tais como Michael Polanyi e Norwood Russell Hanson, há uma nítida tendência a assimilar formas altamente refinadas de observação ao nível da simples percepção, com numerosas referências a percepções imediatas e independentes de gestalts ou mesmo (no caso de Polanyi) a percepção animal: Michael Polanyi, *Personal Knowledge: Towards a Post-Critical Philosophy* (1958; Nova Iorque: Harper & Row, 1964), pag. 76-77, 98-99; e Norwood Russell Hanson, *Patterns of Discovery* (1958; Cambridge: Cambridge Univ. Press, 1975), pag. 4-24.

[7] Ver Lorraine Daston e Peter Galisson, *Objectivity* (Nova Iorque: Zone, 2007), esp. pp. 234-252.

[8] Hanson, *Patterns of Discovery* (citado na nota 6), pag. 3.

muito difícil especificar o que significa dizer que se trata do "mesmo" objeto. Isto é uma verdade inquestionável da percepção especializada, seja o olho treinado em questão aquele de um observador de pássaros, um historiador da arte ou um patologista. Ninguém explicou isto com mais clareza do que o bacteriologista e filósofo polonês Ludwik Fleck, a propósito da observação microscópica das bactérias: "A percepção direta da forma [*Gestaltsehen*] exige treinamento no campo de pensamento relevante. A habilidade de perceber diretamente o sentido, forma e unidade contida em si mesma é adquirida somente depois de muita experiência, talvez com um treinamento preliminar. Ao mesmo tempo, claro, perdemos a habilidade de ver algo que contradiga a forma. Mas é apenas a prontidão para a percepção direta que é o principal constituinte do estilo de pensamento [*Denkstil*]. "[9] O noviço vê apenas borrões e manchas sob o microscópio; experiência e treinamento são exigidos para que seja possível dar sentido a este caos visual, para que seja capaz de ver *coisas*.

O insight de Fleck é frequentemente comparado à visão de Thomas Kuhn acerca das mudanças na apreensão das formas entre paradigmas ou à análise de Hanson da observação carregada de teoria. Mas estas leituras foram, por assim dizer, filtradas através de uma visão neokantiana da observação científica como sendo ela mesma um tipo de filtro. Em artigo recente, Bruno Latour traça um contraste forte e notável entre esta passagem de Fleck e formulações mais kuhnianas: "Fleck não diz, como no usual paradigma metafórico kantiano-kuhniano, que 'nós vemos apenas o que sabemos de antemão', ou que nós 'filtramos' percepções através das 'parcialidades' de nossos 'pressupostos'. Tal ideia unificadora é, na verdade, aquilo contra o que ele luta, pois, desse modo, o tempo não poderia ser parte da substância da gênese do fato"[10]. Esta é a chave para a originalidade e relevância de Fleck para uma filosofia da observação científica. Para Fleck, aprender a ver como cientista é uma questão de experiência acumulada – não somente de um indivíduo, mas de uma coletividade bem treinada. A linha divisória em epistemologia não é entre sujeitos e objetos – o grande divisor kantiano – mas

---

[9] Ludwik Fleck, *Genesis and Development of a Scientific Fact*, trad. Fred Bradley e Thaddeus J. Trenn (1953; Chicago: Univ. Chicago Press, 1979), pag. 92. Sobre o contexto da obra de Fleck ver Ilana Löwy, trad. E ed., *The Polish School of the Philosophy of Medicine: From Tytus Chalubinski (1820-1889) to Ludwik Fleck (1896-1961)* (Dordrecht: Reidel, 1990).

[10] Hanson, *Patterns of Discovery* (cit. n. 6), pag. 54-58; Thomas Kuhn, *The Structure of Scientific Revolutions* (1962; Chicago: Univ. Chicago Press, 1996), pag. 114-116 (ver também Kuhn, "Prefácio", em Fleck, *Genesis and Development of a Scientific Fact*, pag. Vii-xi) e Bruno Latour, "A Textbook Case Revisited: Knowledge as a Mode of Existence," no *The Handbook of Science and Tecnology Studies*, ed. Edward J. Hackett, Olga Amsterdamska, Michael Lynch e Judy Wacjman (Cambridge, Mass.: MIT Press, 2007), pag. 83-112.

entre inexperiência e experiência. Ao contrário dos neokantianos, que se preocupavam em saber como a mente subjetiva poderia conhecer o mundo objetivo, Fleck estava preocupado em saber como a percepção formava tipo estáveis a partir de sensações confusas. Para os neokantianos o problema era o abismo entre subjetivo e objetivo; para Fleck, era gerar ordem a partir do caos. "Filtros" ou "óculos teóricos" ou "visões de mundo" na história e filosofia neokantiana da ciência são as pré-condições para a experiência, sempre e necessariamente em operação. Em contraste com as súbitas mudanças na apreensão das formas de Kuhn, a *Gestaltsehen* de Fleck toma tempo: é o resultado da experiência como um processo gradual ao invés de produto de formas e categorias arraigadas.

Outra forma de exibir o contraste é dizer que Fleck estava mais interessado em ontologia do que em epistemologia. Ele certamente explorou questões acerca de como conhecemos, mas seus *insights* mais notáveis foram acerca do *que* conhecemos – os fatos científicos no título deste texto. Pelo menos nesse sentido ele era pós-kantiano – ou talvez pré-kantiano, quase aristotélico. O maquinário epistemológico de Aristóteles era compacto e leve; por outro lado, seu aparato ontológico de arte e natureza, substância e acidentes e todo séquito de categorias era positivamente barroco. A explicação de Aristóteles sobre como a experiência eventualmente discerne universais de particulares era, como a de Fleck, construída a partir do trabalho da percepção ao longo do tempo:

> Então, da percepção surge a memória, como chamamos, e da memória (quando esta ocorre frequentemente em conexão com a mesma coisa), experiência; pois memórias que são muitas em número formam uma só experiência. E da experiência, ou de todo universal que veio a repousar na alma (o um separado dos muitos, o que quer que seja um e o mesmo em todas as coisas), surge um princípio de habilidade e entendimento.[11]

Da percepção para a memória, desta para a experiência e desta para "o todo universal": é assim que a observação constrói uma ontologia, mesmo que a razão consciente, a faculdade da epistemologia, não tenha a mínima ideia de como isso acontece.

Sem estes hábitos adquiridos de percepção cultivados pela observação, não teríamos ciência, nem tampouco mundo articulado visível (ou audível ou táctil) algum. Este é o modo como a percepção preenche o universo. Ela não cria o universo, mas molda e classifica, delineando limites precisos e

---

[11] Aristóteles, *Posterior Analytics*, 2.19.100a4-8, em Jonathan Barnes, ed., *The Complete Works os Aristotle: The Revised Oxford Translation*, 2 vols. (Princeton, N.J.: Princeton Univ. Press, 1984), Vol. I, pag. 165-166.

agrupando partes em totalidades. Ao contrário da linguagem, que pode ser aprendida ou de ouvido ou pelas regras gramaticais, parece haver apenas uma rota para a percepção competente, e tal rota real é o hábito. Apenas o infante ou o estudante novato deve proceder passo a passo para aprender a ver a morfologia das plantas ou a assinatura dos traços das partículas elementares ou o espectro das estrelas. O adulto, o especialista, virtuoso *a fortiori* pega tudo num átimo, consciente do produto, mas não do processo da percepção.

Naturalistas de campo cunharam um termo de arte para a simultaneidade da percepção virtuosa: "jeito" [*jizz*]. Um ornitólogo britânico explicou o conceito em um artigo de 1922:

> Um irlandês da costa oeste era familiarizado com as criaturas selvagens que residiam ou visitavam a região; bastava um olhar para que pudesse nomeá-las, com frequência corretamente, mas se perguntado como as conhecia, ele respondia, "pelo 'jeito' delas"... Aquela imagem mental gravada pelo olho é acurada em proporção com nossa familiaridade com a espécie; quanto mais familiares somos, menos coisas notamos à exceção do jeito. O maçarico-real que se vê de passagem pode ter um bico longo e curvo, uma parte inferior das costas pálida, um voo forte e específico; sabemos que tais características estão presentes, mas na verdade não as vemos; vemos um maçarico-real. O maçarico-real lampeja no cérebro sem pausa para análise mental, pois notamos o jeito. Frequentemente me perguntam a mesma questão feita ao irlandês; não conheço resposta melhor que a dele.[12]

Certa, rápida e silenciosa, "sem pausa para análise mental", a observação é fundada em longa familiaridade com os fenômenos em questão, sejam eles maçaricos-reais ou bactérias do tipo estreptococos.

Pode-se fazer alarde quanto ao caráter obscuro da percepção, especialmente no contexto da observação científica. Tais habilidades aprendidas não são "tácitas" em princípio; tampouco são elas apenas outra expressão de habilidade corporal, embora também sejam isso. É perfeitamente possível descrever, em riqueza de detalhes, como Fleck fez, os estágios pelos quais as percepções coalescem em experiência e, acima de tudo, ensinar outros a ver dessa maneira. O fato de um processo não poder ser reduzido a um método, ou moldado por um algoritmo ou submetido à introspecção consciente em todos os seus aspectos, de modo algum significa que o processo é irrecuperavelmente tácito, muito menos místico, embora seja essa a inferência que grande parte da filosofia da ciência do século XX tenha feito.

---

[12] Thomas Coward, "'Jizz'", em: *Birds Haunts and Nature Memories* (London: Warne, 1922), pag. 141-144, nas páginas 141-142. Agradeço a Anne Secord por chamar minha atenção para este artigo.

Distinções entre o contexto de descoberta e o contexto de justificação ou, em sentido mais geral, entre psicologia e epistemologia, roubaram dos filósofos os recursos para falar sobre experiência no sentido de Fleck, sob a duvidosa pressuposição de que a experiência em si mesma é muda: o assim chamado conhecimento tácito[13].

Caso entendamos a psicologia em termos neokantianos, como estudo *ipso facto* sobre a subjetividade – subjetividade individual – então não fica difícil entender porque filósofos dessa tradição agruparam-na com os mistérios da criatividade, inspiração e outros reinos sombrios do irracional e se recusaram a ter com ela qualquer coisa. O culto romântico do gênio louco é apenas o outro lado desta aversão filosófica. Historiadores da ciência também consideraram a psicologia com cautela, como uma ambição condenada a sondar das intenções e pensamentos íntimos dos atores históricos: "leitura da mente". As incursões dos historiadores na psicologia da ciência em grande parte se limitam a biografias de cientistas individuais. Se, entretanto, a psicologia – ou pelo menos a psicologia da percepção – é concebida como estruturada e coletiva, dentro da analogia da linguagem, então o desdém histórico e filosófico é mais difícil de se justificar. Para ser certa, a percepção humana depende de características que são peculiares à espécie e, em alguns casos, a indivíduos. Mas a percepção científica – especialmente quando elevada ao nível de observação sistemática, frequentemente em configurações cuidadosamente planejadas – é disciplinada no sentido mais elevado da palavra: incutida lentamente pela educação e prática, verificada uma e outra vez por outros observadores e com outros instrumentos, comunicada em formas – texto, imagem, tabela – projetadas para e por um coletivo científico ao longo de décadas e, às vezes, séculos (como no caso de descrições botânicas de espécies novas). Este tipo de percepção pode ainda ser específico da espécie humana e do contexto histórico – não é a "visão a partir de lugar nenhum", independente da "composição e posição específica do indivíduo no mundo".[14] Mas não há nada de volúvel ou místico envolvido.

---

13 As considerações de Polanyi sobre o conhecimento tácito afirmam uma "completa continuidade" entre "um ato tácito e primitivo como a percepção" e "o processo pelo qual estabelecemos convicções responsáveis no curso da pesquisa científica": Polanyi, *Personal Knowledge* (cit. n. 5), pag. 314.

14 Thomas Nagel, *The View from Nowhere* (Oxford: Univ. Press, 1986), pag. 5. Sobre a gênese do objeto científico ver Lorraine Daston, ed., *Biografies of Scientific Objects* (Chicago: Univ. Chicago Press, 2000); Ian Hacking, "Historical Ontology", em: *Historical Ontology* (Cambridge, Mass.: Harvard Univ. Press, 2002), pag. 1-26; e Ursula Klain e Wolfgang Lefèvre, *Materials in Einghteenth-Century Science: A Historical Ontology* (Cambridge, Mass.: MIT Press, 2007). Sobre a história antiga da descrição botânica ver Brian W. Ogilvie, *The Science of Describing: Natural History in Renaissance Europe* (Chicago: Univ. Chicago Press, 2006).

Além disso, desde pelo menos o século XVII, os próprios observadores científicos teorizavam suas práticas. Eles não apenas escreviam manuais sobre como observar com este ou aquele instrumento; eles também escreviam extensivamente sobre porque observar, o que e quem deveria observar. O empirismo coletivo lançado institucionalmente pelas academias do século XVII como a *Academia Naturae Curiosorum* ou a *Royal Society of London* dependiam do recrutamento e ajuste recíproco dos observadores em redes de correspondências. Isto era evidente no caso dos observadores do tempo, que eram encorajados a padronizar seus instrumentos, horas de observação e formas de registro, mas isto também valia para a astronomia, a anatomia e a história natural.[15] Longe de ser uma arte inferior, manejada por artesãos e camponeses iletrados, como era considerada antes, ou uma substituta inferior para o experimento, como era vista posteriormente, a observação havia se tornado, no começo do século XVIII, uma parte essencial e ubíqua da prática científica, uma arte a serviço da ciência. Ela se destacava de modo proeminente em títulos de livros e artigos eruditos; seu prestígio superava tanto o do experimento quanto aquele da dedução; era o padrão pelo qual os sábios avaliavam uns aos outros; era até mesmo possível tornar-se um "gênio da observação".[16] Mas mesmo após a observação ter sido rebaixada ao status de serva do experimento na filosofia da ciência de meados do século XIX, ela continuou a ser uma prática científica fundamental – e indiscutivelmente a mais propensa a gerar novidades, inclusive novas ontologias.

Uma nuvem que lembra um dragão: um exemplo de como ver as coisas coletivamente

Os caminhos pelos quais a observação gera novos objetos científicos são variados e complexos. Os processos implícitos da percepção treinada são os mais fundamentais, mas eles se ligam a ferramentas explícitas, incluindo instrumentos padronizados, descrições e imagens. Desde o século XVI, as imagens de flora botânica tem sido tentativas conjuntas de representar um

---

[15] Gustav Hellmann, "Die Entwicklung meteorologischen Beobachtungen in Deutschland, von den ersten Anfängen bis zur Einrichtung staatlicher Beobachtungsnetze", *Abhandlungen der PreussischeAkademie der Wissenschaften, Physich-Matematische Klasse,* 1926, 1: 1-25; Andrea Rusnock, "Correspondence Networks and the Royal Society, 1700-1750, " *British Journal for the History of Science,* 1999, 32: 155-169; Paula Findlen, *Possessing Nature: Museums, Collecting, and Scientific Culture in Early Modern Italy* (Berkeley: Univ. California Press, 1994); Ogilvie, *Science of Describing*; Katharine Anderson, *Predicting the Weather: Victorians and the Science of Meteorology* (Chicago: Univ. Chicago Press, 2005) e Jan Golinski, *British Weather and the Climate of Enlightenment* (Chicago: Univ. Chicago Press, 2007).

[16] Senebier, *L'art d'observer* (cit. n. 4), Vol. 1, pag. 15-16.

universal, não um particular. As descrições e ilustrações em latim de Lineu são deliberadamente lacônicas, esquemáticas até, pois devem capturar a essência da espécie ou de todo um gênero, como no caso da imagem do gênero *Anemone*. (Ver figura 1). Idealmente, estas representações são destiladas de muitos, talvez de centenas de espécimes individuais vistos pelo botânico e sintetizados mentalmente como o registro de um atlas. São experiências cristalizadas no sentido aristotélico: percepção produz memória que produz experiência que produz habilidade e compreensão.

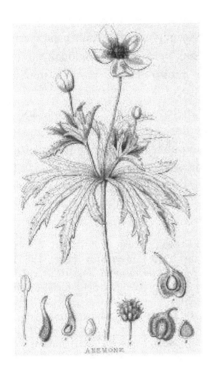

Figura 1. O gênero *Anemone*. De Asa Gray e Isaac Sprague, *The Genera of the Plants of the United States Illustrated from Nature*, 2 vols. (Nova Iorque: Putnam, 1848-1949), lâmina 4.

Mas o caso da botânica é muito fácil: as plantas universalizadas da ontologia científica podem não ser idênticas às plantas particulares da experiência cotidiana, porém, raramente se lançam dúvidas quanto a sua correspondência. Mais desafiadores são objetos sem contraparte mundana, tais como micróbios ou os espectros estelares, pelos quais novas habilidades de percepção devem ser cultivadas e refinadas caso se queira ser capaz tanto de detectar padrões quanto de classificá-los em tipos estáveis e robustos. Mesmo objetos familiares acessíveis à observação a olho nu podem apresentar desafios formidáveis para a percepção coletiva, como nos dão testemunho as classificações de nuvens dos séculos XIX e XX. A variedade e mutabilidade das nuvens é notória. Leonardo da Vinci pensava serem elas "imagens feitas pelo acaso", tipos de figuras de Rorschach celestiais, sob as quais o artista poderia projetar fantasias criativas. Conforme o mais recente (1975) *International Cloud Atlas*, "as nuvens estão em um processo contínuo de evolução e aparecem, portanto, em uma infinita variedade de formas"[17]. Mesmo observadores domésticos, enraizados em uma parte do globo tiveram amplas oportunidades de documentar o sempre mutável, sempre novo panorama das nuvens acima de seus telhados. Viajantes eram ainda mais expostos aos contrastes entre as nuvens de casa e aquelas de outros climas.[18] As nuvens na Itália e na Inglaterra exibem claras diferenças regionais e sazonais; as nuvens tropicais são quase tão exóticas quanto a flora e fauna tropicais para os visitantes das zonas temperadas. Diante disso, nuvens pareciam candidatas nada promissoras para a ciência, muito menos para a ciência global: muito mutáveis para produzir regularidades e muito locais para sustentar generalizações globais.

Ainda no último quarto do século XIX, meteorologistas do mundo todo tentavam fazer ciência a partir das formas das nuvens. A classificação de nuvens teve início no começo do século com a publicação de Luke Howard *On the Modification of Clouds* (1803).[19] Mas, por volta de 1870, os sistemas de classificação baseados no esquema tripartite original de Howard (cirrus, cumulus e stratus), fragmentou-se e ramificou-se, seguindo o estilo prolífico

---

[17]   H. W. Janson, "The Image Made by Chance, " in *Essays of Erwin Panofsky*, ed. Millard Meiss (The Artibus Opuscula, 50) (Nova Iorque: Nova Iorque Univ. Press, 1961), pag. 254-266; e Organização Meteorológica Mundial, *International Cloud Atlas*, vol. I: *Manual on the Observation of Clouds and Other Meteors* (Geneva: Secretariat of the World Meteorological Organization, 1975), pag. 11.

[18]   Nos anos 1880 o meteorologista britânico Raph Abercromby navegou duas vezes ao redor do mundo para determinar se os principais tipos de nuvens poderiam de fato ser encontrados em todos os lugares. Ele concluiu que 90% das nuvens do mundo podem ser classificadas sob as rubricas cirrus, cumulus, stratus, cirrostratus, cirrocumulus, stratocumulus e nimbus. Estas "formas comuns" seriam não só universais, mas mais duráveis que formas raras como as nuvens guirlandas (mamata). Mas sua distribuição não seria uniforme: a cumulus, por exemplo, se encontra presente ao longo do ano nos trópicos, mas é rara em climas nórdicos durante o inverno e talvez sequer seja vista em regiões árticas. Abercromby acreditava fortemente na existência de entidades como o "cumulus verdadeiro" (não confundir com um espécime inferior, com protuberâncias irregulares), mas ele também admitia que a fisiognomia do céu era tão mutável e idiossincrática quanto a do rosto humano. Ralph Abercromby, "On the Identity of Cloud Forms All Over the World, and on the General Principles by Which Their Indications Must Be Read", *Quarterly Journal of the Royal Meteorological Society*, 1887, *13*: 140-146.

[19]   Acerca da história da publicação de Howard bem como de tentativas um pouco anteriores feitas por Jean-Baptiste Lamarck ver Gustav Hellmann, "Einleitung", em Luke Howard, *On the Modification of Clouds* (1803), Nº 3 em *Neudrucke von Shriften und Karten über Meteorologie und Erdmagnetismus*, ed. Hellmann (1894; Wiesbaden: Kraus Reprint, 1969) pag. 7-9.

das próprias nuvens. Pior, nomes começaram a se separar das coisas que supostamente deveriam designar: um observador sueco, português ou britânico poderia designar coisas diferentes pelo nome "cirrostratus"; observadores fora da Europa divergiam de modo ainda mais amplo entre si. O *International Cloud Atlas*, de 1896, deveria supostamente produzir objetos científicos claros a partir de nuvens multiformes e evanescentes, ensinando os observadores do mundo todo, em terra e no mar, a ver as coisas de modo unificado.

Os observadores tiveram que aprender a olhar para o céu do mesmo modo, a dividir o *continuum* das formas das nuvens nos mesmos pontos, a conectar as mesmas palavras às mesmas coisas. Sua atenção tinha que estar aguçada para o detalhe revelador e mitigada para o idiossincrático. Esta era a *raison d'être* de todos os atlas científicos, mas o atlas das nuvens publicado em 1896 pelo *International Meterological Committee* enfrentou estes desafios quanto a coordenação da percepção de forma extrema: apesar de haver discordâncias quanto a escolha de uma anêmona ou canguru específico, aqueles que faziam os atlas que documentavam tais objetos nunca duvidavam da existência real de anêmonas ou cangurus.[20] Porém, observadores de nuvens experientes se perguntavam quanto a realidade da cirrocumulus, *a fortiori* acerca daquela da cirro-cumulus-caudatus ou da cirro-cumulus-floccus. Além do mais, observadores de nuvens científicos não podiam nem queriam suplantar os observadores leigos; ao contrário, os meteorologistas de observatório procuravam a ajuda de marinheiros, fazendeiros e observadores amadores. Isto implicava que termos técnicos em latim tinham que, de alguma maneira, corresponder a termos vernaculares e leigos – em vários idiomas diferentes. O internacionalismo dos classificadores de nuvens, portanto, era mais profundo que a usual diplomacia dos grandes congressos científicos em metrópoles como Paris e Viena. Eles tinham que descobrir se o francês coloquial *"ciel pommelé"* era realmente a mesma coisa que o inglês *"mackerel sky"* – e treinar observadores franceses e ingleses a ver ambos uma nuvem cirrocumulus*. A coordenação entre palavra e imagem era essencial, especialmente para formas de nuvens transicionais como a cirrocumulus, que admitiam infinitas gradações e exigiam muito da acuidade mesmo de observadores experimentados.

---

[20] Para uma discussão quanto a *raison d'être* dos atlas científicos ver Daston e Galison, *Objectivity* (cit. n. 6), pag. 19-27.

* N. do T.: Ambas as expressões significam céu nublado. *Pommelé* pode ser traduzido literalmente por manchado, enquanto *mackerel* quer dizer cavalinha, um peixe com padrões de escamas que lembram um céu nublado.

Este exemplo, que poderia facilmente ser multiplicado, mostra quão intrincado pode ser o minueto entre percepção implícita e observação explícita. As designações, definições e, acima de tudo, os atlas de imagens características do gênero nuvem foram tema de décadas de debates entre meteorologistas e observadores leigos. O critério foi descoberto, as redes de observação, padronizadas. Mas, em última instância, os observadores de nuvens tinham que apreender a fisionomia de uma nuvem num olhar; eles tinham que dominar o "jeito" das nuvens. A natureza do objeto – mutável, obscura, evanescente – premiava velocidade e experiência, frutos do hábito implícito. Estas mesmas características representavam um formidável desafio para a percepção coletiva, para o cultivo e ajuste de hábitos compartilhados.

A classificação oficial das nuvens dependia de tal forma dos hábitos compartilhados que se apoiava naqueles já disponíveis nas classificações vernaculares. Quando, por volta de 1880, meteorologistas compararam os maiores sistemas de classificação de nuvens então em uso, descobriram que apenas 3 designações convergiam: cirrus, cumulus e cirrocumulus.[21] E, em Hamburgo e em Hong Kong, na Noruega e em Portugal, todos os observadores reconheciam estas como formas "verdadeiras" ou "típicas" ou "genuínas"; aqui palavra e coisa se mesclam. Em latim, "cirrocumulus" não era mais vívido ou transparente do que "stratocumulus", mas, embora nenhum sistema pudesse concordar quanto ao último termo, eles eram unânimes em escolher o primeiro – porque este já havia sido escolhido por uma terminologia completamente diferente na língua comum. Os termos que fizeram isso apelavam para metáforas diversas: ovelha e cavalinha, carvão gigante e manchas. Mas tudo aconteceu ao se construir a percepção, ao se extrair de uma formação evanescente, mas marcante de nuvens, algo digno de seu próprio nome. Quando o primeiro *International Cloud Atlas* apareceu em 1896, em edição trilíngue, as definições alemã e francesa de cirrocumulus somaram-se aos termos vernaculares**: *"Schäfchen", "Mouton"*.[22] (Ver figura 2.)

---

[21] H. Hildebrand Hildebrandsson, "Rapport sur la classification des nuages", in *Congrès Météorologique International, tenu à Paris du 19 au 26 septembre 1889: Procès-verbaux sommaires*, ed. Théodore Moureaux, Lasne e Abbé Maze (Paris: Imprimerie Nationale, 1889), pag. 12-24, esp. Pag. 15-16. "Stratus" e "nimbus" eram usados como termos em todos os sistemas pesquisados, mas Hildebrandsson que eles tinham referentes diferentes em sistemas diferentes.

** *N. do T.*: Ovelha para os dois idiomas.

[22] H. Hildebrand Hildebrandsson, A. Riggenbach e L. Teisserenc de Bort, eds., *Atlas International des nuages/Internationaler Wolken-Atlas/ International Cloud Atlas* (Paris: Gauthier-Villars et Fils, 1896), pag. 4, 14, 24. Quanto a imprecisão linguística e observação de nuvens, ver também Anderson, *Predicting the Weather* (cit. n. 14), pag. 228-232. Quanto aos desafios da fotografia meteorológica, inclusive fotografia de nuvens, ver Jennifer Tucker, *Nature Exposed: Photography as Eyewitness in*

Figura 2: Nuvem cirro-cumulus, fotografada em Uppsala, Suécia, em 1890. De H. Hildebrand Hildebrandsson, A. Riggenbach e L. Teisserenc de Bort, eds., *Atlas International des nuages/Internationaler Wolken-Atlas/ International Cloud Atlas* (Paris: Gauthier-Villars et Fils, 1896), figura 6.

Simultaneidade

Como o exemplo da nuvem cirrocumulus mostra, hábitos coletivos de percepção, mesmo de objetos mal definidos, não precisam ser instilados por treinamento científico. Mas, desde meados do século XIX e da institucionalização da educação superior em ciência, o treinamento científico formal passou a desempenhar um papel central tanto em introduzir quanto em aperfeiçoar modos compartilhados de ver as coisas. Foi nos seminários de Göttingen e Berlim, nos laboratórios de Cambridge e Baltimore, nas instalações de pesquisa de campo de Nápoles e Nova Zelândia, que jovens pesquisadores foram induzidos ao que Fleck chamava de "coletivos de pensamento" – e, tão significante quanto, aos "coletivos de visão". Estamos ainda no começo de uma história da pedagogia científica e ainda nos rudimentos de uma filosofia da pedagogia científica.[23] Se, porém, há algo como uma ontologia forjada pela

---

Victorian Science (Baltimore: Johns Hopkins Univ. Press, 2005) pag. 126-158.

[23] Estudos de grande extensão sobre pedagogia científica incluem Kathryn M. Olesko, *Physics as a Calling: Discipline and Practice in the Königsberg Seminar for Physics* (Ithaca, N. Y.: Cornell Univ. Press, 1991); Nick Hopwood, *Embryos in Wax: Models from the Ziegler Studio* (Cambridge: Whipple Museum of History of Science, 2002);

observação, é aqui que ela está tomando forma, passo a passo, seminário a seminário, à medida que os aprendizes aprendem a ver como os mestres. Esta aprendizagem dos sentidos provavelmente não é qualitativamente diferente daquela pela qual os músicos, cozinheiros ou tecelões inexperientes passam – conforme Aristóteles notou, os caminhos das habilidades, por um lado, e do entendimento, por outro, passam pelas mesmas estações de percepção, memória e experiência. Mas o caminho científico sofre mais embaraços devido às demandas do empirismo coletivo, que requer um grau de coordenação raramente alcançado (ou desejado) pelas artes e ofícios tradicionais. A convergência se torna indispensável porque o treinamento científico deve transmitir uma ontologia, não apenas uma padronização de especialistas. Noviços devem ser ensinados a ver coisas, e ver as *mesmas* coisas, um mundo mantido em comum.

Mas não é o mundo comum que eles aprendem a ver. Pelos padrões ordinários, estes são objetos estranhos, vistos estranhamente, frequentemente por pessoas estranhas. Parte da *deformation professionelle* dos observadores científicos é uma quase obsessiva preocupação com seus objetos de investigação. Esta devoção monomaníaca a cobras, átomos de carbono ou algas – ou, por outro lado, verbos gregos ou pinturas maneiristas – tem sido tema mais para comediantes e novelistas (por vezes psiquiatras) do que para historiadores, muito menos para filósofos. Ainda assim, talvez não seja algo irrelevante para ontologias especializadas percebidas e mantidas por hábitos perceptivos especificamente científicos. Em seu brilhante estudo sobre a pintura italiana do século XV e o "período do olho", o historiador da arte Michael Baxandall comenta acerca do intenso, porém esotérico, prazer proporcionado pelo exercício das habilidades perceptivas: "Apreciamos nosso próprio exercício da habilidade, e apreciamos particularmente o exercício lúdico de habilidades que usamos na vida comum com muita seriedade. Se uma pintura nos dá a oportunidade para exercitar uma habilidade estimada e recompensa nosso virtuosismo com um senso de *insights* valiosos acerca da organização daquela pintura, tendemos a apreciar isto: este é o nosso gosto".[24]

Pode-se minimizar o testemunho de um historiador da arte acerca dos prazeres do olhar especializado para pinturas, mas este é precisamente o

---

Andrew Warwick, *Masters of Theory: Cambridge and the Rise of Mathematical Physics* (Chicago: Univ. Chicago Press, 2003); David Kaiser, *Drawing Theories Apart: The Dispersion of Feynman Diagrams in Postwar Physics* ((Chicago: Univ. Chicago Press, 2005) e Kaiser, ed., *Pedagogy and the Practice of Science: Historical and Contemporary Perspectives* (Cambridge, Mass.: MIT Press, 2005).

[24] Michael Baxandall, *Painting and Experience in Fifteenth-Century*, 2ª Edição. (Oxford: Oxford Univ. Press, 1988), pag. 34.

ponto. Mesmo que a afirmação de Baxandall seja falsa para o público leigo, indiferente à arte, ela é verdadeira para olhos treinados como os de Baxandall – ou, *mutatis mutandis*, para astrônomos que olham o espectro estelar ou micólogos que observam fungos. A ontologia do hábito perceptivo é reforçada pelos prazeres estéticos da percepção hábil – e aqui o termo estético refere-se à raiz da palavra, que se relaciona com sensação, bem como ao sentido moderno mais familiar enquanto apreciação da beleza. Na medida em que os filósofos discutiram a observação científica minimamente, eles distinguiram entre ver *que* e ver *como*: por exemplo, ver *que* uma estrela muito brilhante aparece no crepúsculo e tem um brilho reduzido ao amanhecer versus ver ambas estrelas noturna e matutina *como* o mesmo corpo celeste, o planeta Vênus. Mas há também o ver *bem*, que deve ser inextricavelmente entrelaçado com a habilidade adquirida de ver *como*.

Se isto for verdade, deve haver razões profundas porquê pelo menos os aspectos perceptivos da observação científica – o imediato e satisfatório registro do "jeito" de um maçarico-real, uma nuvem ou uma célula – devam ser imersos em hábitos implícitos, embora outros aspectos, como a comunicação e conferência de resultados, sejam mantidos escrupulosamente explícitos. Há algo na simultaneidade da percepção habitual que marca as ontologias com o selo do realmente real, o *ontos on*.

A ciência foi e segue sento fértil em termos de técnicas de visualização inovadoras, do gráfico pizza às imagens de ressonância magnética. Dizer que estas imagens são apenas exibições de dados é omitir seu papel na descoberta e cristalização de novos objetos de investigação científica. Eles são tão importantes para a ontologia científica quanto para o gerenciamento de dados. Exemplos famosos incluem os mapas artisticamente coloridos e codificados de Alexander von Humboldt, que mostravam a distribuição de formas características de vegetação (p.ex. pinheiros *versus* palmas), que criavam o que ele chamada de "fisionomias das paisagens": combinações típicas de clima, topografia, flora e fauna que poderiam ser avaliados num golpe de vista pelo observador experimentado. Os mapas humboldtianos transformaram tabelas indigestas de números em *gestalts*, tão facilmente reconhecíveis quanto um rosto familiar; colunas e colunas de leituras de temperatura foram convertidas em curvas isotérmicas de abrangência global (ver figura 3). Humboldt tinha esperanças de que a nova tecnologia do panorama, que atraia multidões de visitantes em metrópoles como Berlim e Londres nos anos 1830 e 1840, com suas paisagens urbanas de 360 graus, poderia ser usada para cultivar esta *Totaleindruck* [impressão total].[25] Alguém pode, claro, se concentrar neste ou

---

25 Charlote Bigg, "The Panorama; or La Nature à Coup d'Oeil", em *Observing Nature –*

naquele detalhe meticulosamente pintado, como muitos fizeram, mas também era possível dar uma volta e absorver todo o panorama em um olhar vertiginoso. Isto era chamado por Humboldt "pressionar conjuntamente [dados diversos] em uma imagem".[26]

Seja na forma dos mapas de Humboldt ou das fotografias compósitas de Francis Galton ou numa miríade de outras visualizações compactas de dados volumosos, todas estas técnicas pretendem mais do que tornar visível o invisível. Elas aspiram à simultaneidade, a concentração de procedimentos laboriosos e feitos lentamente em um *coup d'oeil* imediato, a pirueta vertiginosa e integradora de Humboldt. O que era um processo doloroso de cálculo e correlações – por exemplo, na construção de uma tabela de variáveis – torna-se um lampejo de intuição. E a intuição simultânea é tradicionalmente o modo de conhecimento dos anjos, em contraste com as lentas demonstrações dos humanos.

A ontologia baseada na intuição mais celebrada nada tem a ver com a observação empírica. As "ideias claras e distintas" de Descartes são o resultado da mente em comunhão consigo mesma: "Vou fechar meus olhos, tapar meus ouvidos, abafar todos os meus sentidos, vou apagar de meus pensamentos até mesmo as imagens dos corpos físicos... e assim, concentrando somente em mim mesmo e considerando meu interior, tentarei me tornar gradualmente familiar a mim mesmo". Apesar disso, Descartes era atraído também pela simultaneidade. Como observa Ian Hacking: "O Deus de Descartes não prova nada. Uma prova ajuda uma pessoa a ver alguma verdade, mas somente porque as pessoas têm visão intelectual pobre. Costumava-se afirmar que anjos não precisam da razão. Apesar de uma louvável reticência acerca de anjos, Descartes tinha uma atitude semelhante com relação ao raciocínio".[27] O desejo de Descartes pela simultaneidade angelical emergiu forçosamente em sua matemática, onde ele tentou o equivalente mental da pirueta de Humboldt,

---

Representing Experience: The Osmotic Dynamics of Romanticism, 1800-1850, ed. Erna Fiorentini (Berlim: Reimer, 2007). Pag. 73-95.

[26] Alexander von Humboldt, *Kosmos: Entwurf einer physischen Weltbeschreibung* (1845-1862), ed. Ottmar Ette e Oliver Lubrich (Frankfurt am Main: Eichborn, 2004), pag. 234; e Humboldt, *Ansichten der Natur, mit wissenschaftlichen Erläuterungen* (1807) (Frankfurt am Main, 2007), pag. 109. Ver a perceptiva análise da das tentativas dos meteorologistas vitorianos de comprimir montanhas de dados tabulares em imagens que poderiam ser apreendidas com um olhar em Anderson, *Predicting the Weather* (cit. n. 14), pag. 187-219.

[27] René Descartes, *Méditations* (1644), em *Oeuvres de Descartes*, ed. Charles Adam e Paul Tannery, 12 vols. (Paris: Léopold Cerf, 1897-1910), Méditation III, vol. 9, pag. 27; e Ian Hacking, "Leibniz e Descartes", em *Historical Ontology* (cit. n. 13), pag. 200-213, na pag. 204.

comprimindo os passos da prova matemática em um único lampejo brilhante de *insight*: "Eu vejo o todo de uma vez, por intuição".[28]

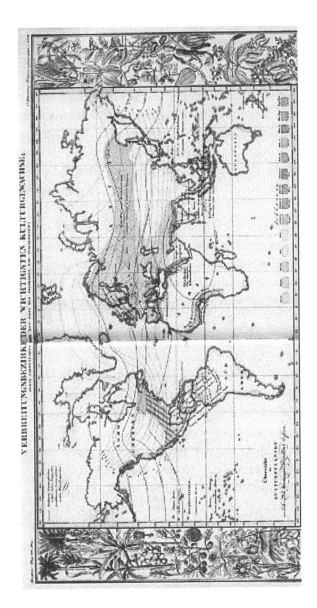

Figura 3: Sistema de curvas isotérmicas. De Alexander von Humboldt, Kosmos: Entwurf einer physischen Weltbeschreibung (1845-1862), ed. Ottmar Ette e Oliver Lubrich (Frankfurt am Main: Eichborn, 2004), Physikalischer Atlas, figura 1.

---

[28] René Descartes, *Regulae ad directionem ingenium* [comp. 1628], em *Oeuvres de Descartes*, ed. Charles Adam e Paul Tannery, Regula VII, vol. 10, pag. 388: "rem totam simul videar intueri". Ver também Matthew L. Jones, "Descartes's Geometry as Spiritual Exercise", *Critical Enquiry,* 2001, 28:40-71.

É reveladora essa reversão de Descartes para a linguagem da visão quando ele descreve este tipo de matemática cinemática *avant la lettre*, na qual o argumento é tão acelerado que irrompe na mente como um único evento cognitivo. Apesar de toda a conversa de fechar os olhos e tapar os ouvidos, Descartes não pode resistir à autoevidência do hábito perceptivo quando este atinge um alicerce ontológico. A despeito de todas as ilusões bem conhecidas, o *imprimatur* do real, verdadeiro e certo, é a simultaneidade implícita e imediata da percepção, especialmente da visão. Quantidade alguma de raciocínio explícito, ou mesmo o raciocínio matemático, pode competir com isto, pelo menos não quando se trata de organismos construídos como são os humanos. Teólogos medievais dotaram os anjos com o conhecimento intuitivo porque este era seu maior bem cognitivo, um antegosto de um paraíso sem demonstrações e disputas.

Epistemólogos e *a fortiori* metafísicos podem afastar tais afirmações como "meramente psicológicas". Elas certamente *são* psicológicas, faculdades e tendências peculiares a nossa espécie. Além do mais, elas dizem respeito a processos de percepção amplamente inconscientes, embora sejam processos desenvolvidos, ensinados e controlados consciente e meticulosamente pelo exercício da observação científica. O hábito perceptivo pode ser moldado e corrigido pela razão, mas ele não é *da* razão, pelo menos não da razão discursiva, consciente e voluntária. Mas isto não torna tais hábitos *ipso facto* irracionais. Não há nada individual, arbitrário ou místico acerca desse tipo de psicologia. A ciência depende crucialmente de suas próprias ontologias, muito diversas das ontologias do senso-comum, arduamente elaboradas a partir de cacos de evidência como um mosaico é montado a partir de milhares de pequenas pedras de diversas cores e formas. É a observação, fundamentada em hábitos treinado coletivos e cultivados, que funde estes pedaços e peças em uma pintura – frequentemente uma pintura em sentido literal, feita a partir das técnicas de visualização científicas. É esta pintura, apreendida num relance, de uma só vez, que garante a firme existência de um mundo. Não é exatamente a visão dos anjos, que, de acordo com Boaventura e Aquino, viam apenas formas universais, não indivíduos particulares. De modo algum é uma metafísica, nem a perspectiva de Deus, mas apenas uma ontologia para humanos, com seus olhos escancaradamente abertos.

SCIENCE STUDIES E HISTÓRIA DA CIÊNCIA*

INTRODUÇÃO: CORAÇÃO DURO FEITO DIAMANTE

A relação atual entre *science studies* e a história da ciência traz à mente as cenas de abertura de *Um Sonho de uma Noite de Verão* (ou, tirando as fadas, uma comédia de "ensino médio" de sua escolha): Helena ama Demetrius, que costumava amar Helena, mas agora ama Hermia, que ama Lisandro. Uma atmosfera intensa de adolescência paira sobre a peça: promessas precipitadas, ameaças suicidas, juras de amor e amizade hiperbólicas mas sinceras e, acima de tudo, a sensação ofegante de que tudo está constantemente em disputa.

Saindo dos bosques encantados de Oberon e Titânia para as alamedas desencantadas da academia, são os *science studies* que, hoje, imaginam a si mesmos no papel da desprezada Helena, uma vez cortejada mas agora rejeitada pela história da ciência. Sheila Jasanoff, falando como presidente da *Society for the Social Studies of Science*, queixou-se recentemente de um "certo caso de amor unilateral" com a história da ciência e de um certo "nervosismo quanto a ser pego em companhia perigosa [que] marca as práticas de contratação de nossos principais departamentos de história da ciência".[1] Enquanto a Sociedade da qual ela faz parte concedia alguns de seus prêmios mais prestigiosos para historiadores da ciência, aqueles Demétrios ingratos estavam flertando com a disciplina da história, que por sua vez perseguia avidamente a antropologia cultural. Que tolos são esses mortais. Houve um tempo em que Helena era cortejada por Demétrio, e a história da ciência caía de amores pelos *science studies*. A história de paixão e subsequente estranhamento segue, eu suspeito, um padrão mais geral na relação entre disciplinas e aglomerados interdisciplinares que abordam o mesmo tema - neste caso, ciência e tecnologia. Meu objetivo neste ensaio é rastrear esse padrão.

---

* Tradução de Derley Menezes Alves. Publicado originalmente como: "Science Studies and the History of Science". In: *Critical Inquiry*, James Chandler; Arnold I. Davidson (eds.), vol. 35, n° 4, "The Fate of Disciplines", 2009, pp. 798-813.

1 Sheila Jasanoff, "Reconstructing the Past, Constructing the Present: Can Science Studies and the History of Science Live Happily Ever After?" *Social Studies of Science* 30 (Aug. 2000): 623, 622.

Este é um empreendimento crepuscular. A coruja de Minerva voa apenas ao entardecer, como disse Hegel. Dito de modo menos poético, a reflexão começa quando o deslumbramento termina. Seria absurdo afirmar que os *science studies* entraram em seus últimos dias e ainda mais absurdo sugerir que o ombro frio da história da ciência diminuiu a atração por tais estudos em outros lugares. Mas os líderes dos *science studies* lamentam uma falta de vigor, mesmo uma crise, em seu campo. David Edge, fundador da pioneira *Science Studies Unity* da Universidade de Edimburgo, em 1966, pergunta elegiacamente: "O sentido inebriante da aventura interdisciplinar, da sedutora combinação de prioridade acadêmica e urgência prática desapareceu para sempre?"[2]. Bruno Latour, que estudou a vida de laboratório da maneira como etnógrafos poderiam estudar uma tribo em Papua-Nova Guiné e cuja teoria do ator-rede dissolveu a distinção entre humanos e não-humanos, chegou perto de uma retratação "mas felizmente (sim, felizmente!), uma após outra, testemunhamos que as caixas pretas da ciência permaneciam fechadas e que eram mais as ferramentas [dos *science studies*] que jaziam na poeira da nossa oficina, desarticuladas e quebradas. Dizendo de modo simples, a crítica era inútil contra objetos de alguma solidez".[3] Certamente, Edge e Latour estão se torturando por diferentes desastres; Edge, como Jasanoff, suspira pelo fato de que os *science studies* têm sido cuidadosamente ignorados por aqueles que têm mais a aprender com eles, enquanto Latour suspeita que há pouco a ser aprendido. Nenhum deles, entretanto, está muito confiante sobre o presente e o futuro dos *science studies*.

O que aconteceu com a efervescência e agressividade dos *science studies*, este que já foi o mais exuberante dos empreendimentos interdisciplinares? *Où sont les programmes forts d'antan?* [*Onde estão os programas fortes de antigamente?*] Como eles se afastaram da história da ciência, de sua antiga musa e claque? O que esses desenvolvimentos podem nos dizer sobre a disciplinaridade – suas pré-condições, suas práticas, seu *ethos*? No breve compasso deste ensaio, posso oferecer apenas esboços de respostas a essas perguntas. Devo argumentar que, apesar dos intensos e frutíferos intercâmbios entre *science studies* e história da ciência nas décadas de 1970 e 1980, os dois campos passaram a discordar quanto a suas concepções sobre algo inicialmente tido como ponto em comum, a saber, o assunto da ciência. Primeiro, iniciarei com um relato muito breve, altamente seletivo e, sem dúvida, loucamente tendencioso, das relações entre *science studies* e história

---

[2] David Edge, "Reinventing the Wheel, " in *Handbook of Science and Technology Studies*, ed. Jasanoff et al. (Thousand Oaks, Calif., 1995), p. 3.
[3] Bruno Latour, "Why Has Critique Run out of Steam? From Matters of Fact to Matters of Concern," *Critical Inquiry* 30 (Winter 2004): 242.

da ciência desde 1970 e depois examinarei como seus caminhos se bifurcaram na década de 1990 à medida que a história da ciência se tornava cada vez mais histórica e os *science studies* cada vez menos. Minha conclusão reflete sobre a moral desta história para a compreensão da ciência – o desafio ainda comum e urgente tanto para os *science studies* como para a história da ciência.[4]

UM RELATO MUITO CURTO E PARCIAL DE UM RELACIONAMENTO

Science Studies é a abreviação misericordiosamente curta e clara de uma bateria de perspectivas disciplinares voltadas para a ciência e a tecnologia: em primeiro lugar e acima de tudo sociologia, mas também antropologia, ciência política, filosofia, estudos de gênero e história. Sobrepõe-se, mas não é idêntico a Programas de Ciência, Tecnologia e Sociedade [*Science, Technology and Society*], por um lado, e Sociologia do Conhecimento Científico [*Sociology of Scientific Knowledge*], por outro. Tanto STS como o SSK (os *science studies* têm uma mania de siglas que rivaliza com as burocracias federais) representam impulsos poderosos e nem sempre consistentes dentro dos *science studies*: no lado STS das coisas, um desejo urgente de uma política mais racional para a ciência e cientistas e engenheiros com formação mais ampla e socialmente responsáveis; No lado SSK, uma crítica radical das reivindicações epistemológicas da ciência e tecnologia por autoridade social. Dependendo de qual destas estrelas natais estavam em ascensão, os *science studies* visavam ou humanizar a ciência tornando-a mais social (ou pelo menos sociável) ou domesticá-la, também tornando-a mais social (ou pelo menos sociológica).

A iridescente palavra *social* foi e continua a ser o talismã dos *science studies* (sua principal revista, *Science Studies*, logo foi rebatizada como *Social Studies of Science*). O adjetivo *social* era convenientemente proteico, a depender de qual substantivo modificava. Poderia significar sobriedade e consciência (como em "responsabilidade social da ciência"), complexidade e conectividade (como em "contexto social da ciência"), ou crítica devastadora (como em "construção social da ciência"). Em todos esses registros, as ressonâncias do social eram resolutamente durkheimianas em seu repúdio a qualquer coisa que cheirasse a psicologia (o que não era uma omissão meramente acidental da lista de abordagens disciplinares envolvidas no amplo abraço dos *science studies*). A ênfase era nas instituições e estruturas, não nos indivíduos e ações. Além disso, especialmente em suas cadências críticas, o

---

[4] Para uma breve visão da história dos *science studies*, ver Edge, "Reinventing the Wheel," pp. 3–23. E para a história da ciência, ver Lorraine Daston, "History of Science," in *International Encyclopedia of the Social and Behavioral Sciences*, ed. Neal J. Smelser and Paul B. Baltes, 26 vols. (Nova Iorque, 2001), 10:6842–48.

social se baseava fortemente nas estratégias marxistas desmistificadoras da ideologia. Revelar que uma categoria científica (por exemplo, raça) ou uma afirmação científica (por exemplo, a passividade do óvulo na concepção humana) era socialmente construída era o mesmo que, *ipso facto*, contestar a sua validade e implicar uma agenda política encoberta.[5]

Como essas afinidades sugerem, os *science studies* puderam reivindicar, retrospectivamente, linhagens distintas: Karl Marx e Émile Durkheim, mas também a sociologia do conhecimento de Karl Mannheim, a filosofia-sociologia da pesquisa biomédica de Ludwik Fleck, a abordagem marxista de J.D. Bernal quanto à política da ciência, a antropologia cultural de Mary Douglas, as reflexões filosóficas de Ludwig Wittgenstein sobre regras e formas de vida e as explorações de Michael Polanyi sobre o "conhecimento pessoal" na ciência. Mas como um campo autoconsciente de investigação, os *science studies* surgiram pela primeira vez na década de 1970, e seu texto fundamental era uma obra sobre história da ciência: *A Estrutura das Revoluções Científicas*, de Thomas S. Kuhn.[6]

Este livro tomou as ciências sociais - bem como, naturalmente, a história e a filosofia da ciência – de assalto e gerou quase tantas leituras quanto leitores. Os *science studies* não foram exceção a essa multiplicidade de interpretações. Mas, desde o início, uma leitura em particular marcou os *science studies* e, mais especificamente, a sociologia do conhecimento científico: o autodeclarado "programa forte" desenvolvido pela brilhante *Science Studies Unity* da Universidade de Edimburgo (que incluía o sociólogo Barry Barnes, o filósofo David Bloor, e os historiadores Steven Shapin e Donald MacKenzie). O programa forte deu origem a uma hermenêutica quase tão variegada e sinuosa como aquela gerada pela *Estrutura das Revoluções Científicas* de Kuhn, e não pretendo nem ensaiar nem ampliar essa literatura aqui.[7] Para os meus propósitos, basta chamar a atenção para um componente-chave, a saber, o postulado *a priori* de que nenhuma explicação satisfatória do porquê algumas afirmações científicas triunfam sobre as outras poderia apelar para a verdade ou a solidez epistemológica superior das reivindicações vencedoras. Do ponto de vista da explicação nos *science studies*, a verdade ou a falsidade das crenças científicas era simétrica. Nenhuma propriedade era uma explicação suficiente para como e por que os cientistas passaram a manter as crenças que eles

---

[5] Ver Ian Hacking, *The Social Construction of What?* (Cambridge, Mass., 1999), que oferece um dos relatos e análises mais lúcidos do construcionismo social e seus impactos.
[6] Ver Thomas S. Kuhn, *The Structure of Scientific Revolutions* (1962; Chicago, 1970).
[7] Para uma visão geral, consultar Jan Golinski, *Making Natural Knowledge: Constructivism and the History of Science* (Cambridge, 1998).

mantinham, ao invés de crenças alternativas.[8] Com o "princípio de simetria" (os *science studies* rivalizavam com a teologia em sua apreciação doutrinal por princípios, teses e programas), os eruditos em *science studies* interpretaram a análise de Kuhn como um manifesto do relativismo – uma interpretação compartilhada por muitos filósofos da ciência com os quais eles estavam em sintonia em quase todas as outras questões.[9]

Os historiadores da ciência tiraram uma lição um pouco diferente do livro de Kuhn, provavelmente mais em sintonia com os pontos de vista de Kuhn, a saber, que a teleologia deve ser repudiada como uma forma narrativa na história da ciência. A história da ciência não poderia mais ser entendida como progresso constante em direção a algum fim, uma aproximação crescente da verdade sobre a natureza. Na melhor das hipóteses, o que Kuhn chamara de ciência normal progrediu na resolução de problemas em seus próprios termos – termos que não sobreviveram às revoluções científicas, pois estas reescreveram as regras do jogo. Por conseguinte, os historiadores da ciência teriam de abandonar a linguagem dos vencedores e perdedores, a segregação entre ovelhas e cabras – ovelha Lavoisier, cabra Priestley; ovelha Darwin, cabra Lamarck, a ladainha de meus professores de graduação – e na remoção da verdade do erro.[10] Em vez disso, eles devem se esforçar para entender a ciência do passado em seus próprios termos, reconstruindo a razoabilidade, se não a racionalidade atemporal dos argumentos de todos os lados.

A princípio, parecia que a diferença entre essas duas interpretações era pequena. O inimigo comum dos *science studies* e da história da ciência era uma visão positivista da ciência como um composto de lógica e empirismo, rigorosamente definido por um método mais ou menos mecânico e marcadamente separado tanto do ambiente social quanto de buscas intelectuais menos bem-sucedidas como a teologia ou astrologia. Além disso, tanto a simetria como a ciência em contexto fizeram com que a atenção acadêmica se voltasse para a controvérsia científica e a interação entre ciência e sociedade como campos promissores de investigação. Esta promessa foi cumprida abundantemente com uma grande colheita de estudos notáveis sobre como os cientistas chegaram a um consenso, tanto no passado como no

---

[8] Ver Barry Barnes, *Scientific Knowledge and Sociological Theory* (London, 1974) e *T. S. Kuhn and Social Science* (London, 1982), e também David Bloor, *Knowledge and Social Imagery* (London, 1976).

[9] Kuhn confrontou seus críticos dentre os filósofos em "Reflections on My Critics," in *Criticism and the Growth of Knowledge*, ed. Imre Lakatos e Alan Musgrave (Cambridge, 1970), pp. 231-78.

[10] Acerca das mudanças de narrativa na história da ciência desde o século XVIII, ver Daston, "The Historicity of Science," in *Historicization–Historisierung* (Göttingen, 2001), pp. 201-21.

presente.[11] Os contatos entre *science studies* e história da ciência, particularmente na Grã-Bretanha, entre os programas em Edimburgo, Bath e Cambridge eram estreitos e mutuamente estimulantes, se não sempre harmoniosos. No continente, as abordagens etnográficas do laboratório de Latour, na França, e de Karin Knorr Cetina, na Alemanha, conferiram um forte impulso ao estudo de práticas minuciosas e concretas na história da ciência.[12] Na América do Norte, os *science studies* foram revigorados pela teoria feminista[13] e por movimentos políticos lançados pelos próprios cientistas.[14] A década de 1980 ferveu com o debate – muito dele afiado, parte dele brilhante, todo ele animado. Pela primeira vez na história recente, os encontros da *History of Science Society* foram pontuados por vozes exaltadas e não por roncos suaves. Os *Science studies* floresceram; a história da ciência foi transformada.

As implicações políticas dessas discussões acadêmicas nunca ficaram longe da superfície. Foi oferecida às sociedades saturadas com ciência e tecnologia uma nova forma de ver o seu desenvolvimento passado e escolhas presentes. Muitos acadêmicos dos *science studies* estavam aberta e ardentemente envolvidos em debates políticos sobre ciência, tecnologia e medicina. Todos estavam plenamente conscientes de que a análise simétrica das controvérsias científicas, mesmo que conduzidas a partir de uma posição de neutralidade, tinha o efeito global de fortalecer o lado perdedor tomando seus argumentos com muito mais seriedade do que a ortodoxia científica

---

[11] Entre as monografias empiristas mais influentes temos H. M. Collins, *Changing Order: Replication and Induction in Scientific Practice* (London, 1985); Steven Shapin e Simon Schaffer, *Leviathan and the Air-Pump: Hobbes, Boyle, and the Experimental Life* (Princeton, N.J., 1985); Martin J. S. Rudwick, *The Great Devonian Controversy: The Shaping of Scientific Knowledge among Gentlemanly Specialists* (Chicago, 1985); and Trevor J. Pinch, *Confronting Nature: The Sociology of Solar-Neutrino Detection* (Dordrecht, 1986).

[12] Ver Latour and Steve Woolgar, *Laboratory Life: The Social Construction of Scientific Facts* (1979; Princeton, N.J., 1986), e Latour, *Science in Action: How to Follow Scientists and Engineers through Society* (Cambridge, Mass., 1987). Ver também Karin D. Knorr Cetina, *The Manufacture of Knowledge: An Essay on the Constructivist and Contextual Nature of Science* (Oxford, 1981).

[13] Ver Carolyn Merchant, *The Death of Nature: Women, Ecology, and the Scientific Revolution* (San Francisco, 1980); Donna Haraway, *Primate Visions: Gender, Race, and Nature inthe World of Modern Science* (Nova Iorque, 1989); e Londa Schiebinger, *The Mind Has No Sex? Women in the Origins of Modern Science* (Cambridge, Mass., 1989).

[14] Ver Stephen Jay Gould, *The Mismeasure of Man* (Nova Iorque, 1981); Richard C. Lewontin, Steven Rose, and Leon J. Kamin, *Not in Our Genes: Biology, Ideology, and Human Nature* (Nova Iorque, 1984); e Jonathan R. Beckwith, *Making Genes, Making Waves: A Social Activist in Science* (Cambridge, Mass., 2002).

reinante o faria.[15] Entre 1985 e 1995, *contingente*, *negociação* e *trabalho* eram o refrão do trabalho mais provocativo nos *science studies*, bem como na história da ciência. O curso do desenvolvimento científico e o resultado das controvérsias científicas era contingente; tudo, desde o consenso sobre teorias científicas rivais até a definição de entidades científicas, era negociado entre partidos com interesses opostos; E descobertas e fatos científicos aparentemente sólidos tinham que ser estabilizados através de muito trabalho. Em suma, nada era autoevidente, direto ou seguro; Mesmo os dados não eram mais algo dado.

Alguns cientistas achavam isso irritante, mesmo blasfemo,[16] mas a maioria estava simplesmente perplexa ou entediada. Pararam de ler história da ciência. Poucos chegaram a começar a ler *science studies*, a menos que estivessem diretamente envolvidos nas controvérsias estudadas. Aqueles poucos cientistas, especialmente nos Estados Unidos, que elogiavam ironicamente os *science studies* ao sustentar que seus efeitos perturbadores eram responsáveis pelo cancelamento de seu financiamento de pesquisa, tiveram que contar com a improbabilidade gigantesca de um congressista ou senador estar imerso na leitura trabalho de Latour ou Donna Haraway. O furor desencadeado pelo caso Sokal foi muito mais tempestuoso nas ciências humanas do que nas ciências da natureza e, em todo o caso, passou rapidamente.[17] As causas que levaram os *science studies* a se afastar da história da ciência, em meados da década de 1990, estão em outros lugares, na forma como eles entendiam seu objeto de pesquisa compartilhado e praticavam seus ofícios de pesquisa e explicação.

O QUE É CIÊNCIA?

É mais fácil identificar exatamente quando Demétrio deu um fora em Helena do que quando a relação entre *science studies* e história da ciência se tornou mais distante. Mas no final dos anos 1990 era algo de conhecimento público. Em um discurso em plenário, proferido em 1999, numa sessão

---

15 Ver Pam Scott, Evelleen Richards, and Brian Martin, "Captives of Controversy: The Myth of the Neutral Social Researcher in Contemporary Scientific Controversies," *Science, Technology, and Human Values* 15 (Oct. 1990): 474–94.
16 Ver Paul R. Gross and Norman Levitt, *Higher Superstition: The Academic Left and Its Quarrels with Science* (Baltimore, 1994).
17 Ver *Science Wars*, ed. Andrew Ross (Durham, N.C., 1996); Alan D. Sokal and Jean Bricmont, *Intellectual Impostures: Postmodern Philosophers' Abuse of Science* (London, 1998); e *The Sokal Hoax: The Sham That Shook the Academy*, ed. the editors of *Lingua Franca* (Lincoln, Nebr., 2000).

conjunta da *Society for the Social Studies of Science* e a *History of Science Society*, em comemoração pelo vigésimo quinto aniversário daquela e do septuagésimo quinto aniversário desta última, Jasanoff observou que ela e seus colegas coeditores do *Handbook of Science and Technology Studies* (1995) encontraram contribuições na "sociologia, antropologia, filosofia, ciência política, retórica, estudos de mulheres, para citar alguns. Só a história está estranhamente ausente"[18]. Sua palestra foi auspiciosamente intitulada, "Podem os *Science Studies* e a História da Ciência viverem felizes para sempre?", mas as dúvidas que justificaram o ponto de interrogação em 1999 mal teriam sido concebíveis uma década antes. O que aconteceu nesse ínterim?

Depois de Kuhn, tanto os *science studies* quanto a história da ciência deliberadamente adotaram uma posição de estranhamento em relação à ciência contemporânea, mas eles o fizeram por diferentes razões que finalmente levaram a entendimentos divergentes acerca da ciência e de como estudá-la. Os *science studies* se recusaram a aceitar cegamente a afirmação de que a doutrina científica atual tinha sido amplamente aceita porque era verdadeira ou, pelo menos, mais verdadeira do que qualquer das alternativas existentes. Em primeiro lugar, argumentam os analistas dos *science studies*, a verdade ou a falsidade de uma proposição não era uma *explicação* suficiente nem necessária (ao contrário de uma razão, no sentido filosófico) para sua aceitação. Em segundo lugar, uma explicação completa muitas vezes envolve fatores sociais e políticos, bem como cognitivos, independentemente do que os cientistas possam relatar (e sinceramente acreditar) sobre a sua adesão exclusiva a estes últimos. Em sua forma mais extrema, o estranhamento dos *science studies* aspirava a uma perspectiva de *tabula rasa* de marcianos visitantes, para quem tudo era alienígena e não poderiam tomar nada por óbvio. O objetivo do distanciamento nos *science studies* era a transparência; mediante uma firme e cautelosa recusa do privilégio dos relatos dos cientistas sobre como eles fizeram o que fizeram, os analistas tentaram abrir as "caixas pretas" da ciência e da tecnologia que eram opacos para o escrutínio público – e, portanto, à vigilância pública.

Os historiadores da ciência alimentavam menos suspeitas sobre as decepções ou autoenganos dos cientistas contemporâneos a propósito da ciência atual. Mas os historiadores eram profundamente céticos quanto às descrições da ciência do passado em termos da ciência atual. Tudo bem o químico ou o matemático no final do corredor relatarem sua investigação, tal

---

[18] Jasanoff, "Reconstructing the Past, Constructing the Present, " p. 622. Por outro lado, quando Jasanoff cita "History of Science", um artigo que eu havia escrito para a nova edição da *International Encyclopedia of the Social and Behavioral Sciences,* ela mencionou a ausência de referências quanto a *science studies*.

como ele ou ela a viu; era, no entanto, um convite à distorção traduzir a obra de, digamos, Robert Boyle ou Leonhard Euler em termos ou notações modernas. Tais traduções quase sempre ocultavam a qualidade pretérita do passado, a estranheza que tornava a história da ciência genuinamente histórica. Os historiadores da ciência chegaram a temer, ainda que tardiamente, pelos padrões da história geral, o pecado original do anacronismo, o equivalente ao etnocentrismo na antropologia e ao antropocentrismo na etologia. Eles recusavam os relatos da ciência atual para que pudessem mergulhar na ciência do passado. Embora eles também, como os etnógrafos do laboratório, pudessem ter-se imaginado como estranhos em uma terra estranha, não viam motivos para desconfiar dos nativos. Pelo contrário, os historiadores da ciência queriam entender a química (ou melhor, a "chimica")* como Boyle havia entendido, ao invés de substituir sua explicação pela deles. Esta é provavelmente a principal razão (e não qualquer antipatia política) porque os cientistas pararam de ler a história da ciência; ela fora bem-sucedida em tornar a ciência do passado completamente desconhecida, mesmo (ou especialmente) para um leitor bem versado na ciência presente.

A contextualização da ciência também moveu os *science studies* e a história da ciência em diferentes direções. Quando os *science studies* proclamavam o lema "ciência em contexto", o que se inferia disso era o fim da suposta autonomia e hegemonia da ciência em relação à sociedade em volta. A ciência fora perpassada por interesses sociais e lutas políticas; era o trabalho dos *science studies* desnudá-los. Originalmente, os estudos em história da ciência que levantavam a bandeira da "ciência em contexto" tinham ambições semelhantes.[19] Mas a exploração do contexto histórico gradualmente se ampliou e aprofundou, de modo a incluir conceitos e categorias inéditos nas ciências sociais, pelo menos em seus ramos anglo-americanos.

Foram justamente os historiadores da ciência que se especializaram nos períodos pré-moderno (antigo, medieval e princípio da modernidade) que se esforçaram muito para distinguir não apenas a ciência do passado da ciência presente, mas também a sociedade do passado da sociedade presente. Na medida em que buscavam na sociologia inspiração, eram os trabalhos de Norbert Elias sobre a sociedade de corte ou as pesquisas de Marcel Mauss

---

* N. do T.: Chemistry e *chymistry*, respectivamente. Este último termo refere-se à alquimia e à química mais antiga, conforme podemos notar no livro *Chymists and Chymistry: Studies in the History of Alchemy and Early Modern Chemistry*, editado por Lawrence M. Principe, Science History Publications, 2007.

[19] Ver, por exemplo, *Natural Order: Historical Studies of Scientific Culture*, ed. Barnes and Shapin (Beverly Hills, Calif., 1979).

sobre o dom que interessavam,[20] não as teorias de interesse de classe ou redes de atores. A *cultura* substituiu a *sociedade* em seus títulos. A ciência na corte de Rudolf II em Praga ou Cosimo de Medici em Florença certamente estava envolvida na política, mas era a política do patronato e da exibição simbólica, e não da concessão e dos contratos industriais. Os historiadores da ciência prémoderna ficaram cada vez mais hesitantes em chamar o que eles estudavam de ciência, e a palavra *cientista*, quando aplicada a Arquimedes ou Galileu, os irritava.

Isso não era tanto meticulosidade (embora também fosse isso) quanto um desejo de capturar disciplinas (*scientia*, filosofia natural, matemática mista) e personagens (cortesão, sábio, filósofo) perdidos que eram cruciais para reconstruções históricas precisas. Em sua introdução ao *The Science Studies Reader*, Mario Biagioli (não coincidentemente um historiador dos primórdios da ciência moderna) observou, de modo perspicaz, que a posição dos *science studies* com respeito ao seu objeto de investigação é incomum:

> Os *science studies* não definem o seu tema porque, de modo um tanto significativo, ele vem pré-fabricado. Não é que os praticantes de *science studies* sejam obrigados a estudar apenas o que os cientistas consideram aspectos fundamentais de sua atividade (na verdade, o oposto é muitas vezes verdadeiro), mas simplesmente que a ciência – como conjunto de práticas, instituições e assim por diante – permanece um objeto socialmente delimitado, não importa como você olha para ele. Como resultado, os *science studies* tendem a não perguntar o que é a ciência, mas sim como a ciência funciona.[21]

Entre os historiadores da ciência, só os especialistas em século XX podem se permitir considerar seu objeto de estudo como garantido, e até mesmo eles ponderam acerca da "não-unidade da ciência" no período estudado[22]. Todos os outros historiadores da ciência têm uma preocupação crucial com o que a ciência é, e também como ela funciona.

Isto não se dá porque os historiadores da ciência são treinados pelo que os filósofos costumavam chamar de critério de demarcação – como o conhecimento científico difere de todos os outros candidatos a conhecimento genuíno –, mas sim porque eles estudam o conhecimento natural antes que a ciência e os cientistas, tal como os conhecemos, tenham surgido. Eles não

---

[20] Ver, por exemplo, Mario Biagioli, *Galileo, Courtier: The Practice of Science in the Culture of Absolutism* (Chicago, 1993), e Paula Findlen, *Possessing Nature: Museums, Collecting, and Scientific Culture in Early Modern Italy* (Berkeley, 1994).

[21] Biagioli, "Introduction: Science Studies and Its Disciplinary Predicament," in *The Science Studies Reader*, ed. Biagioli (Nova Iorque, 1999), p. xii.

[22] Ver Peter Galison and David J. Stump, *The Disunity of Science: Boundaries, Contexts, and Power* (Stanford, Calif., 1996).

duvidam do caráter específico da ciência, mas devem explicar *como* esse caráter se cristalizou – lenta, hesitante e contingentemente – a partir das práticas, tanto intelectuais como manuais, destinadas a outros propósitos: os ensaios artesanais de materiais que se tornaram o laboratório; a carta humanista que se tornou o artigo da revista; O *Wunderkammer* principesco que se transformou no museu de história natural; os argumentos legais a partir de índices que se tornaram argumentos probabilísticos a partir de evidências; As proezas de engenharia em balística e construção naval que se tornaram mecânicas racionais. De modo mais geral, o desafio para os historiadores da ciência antes de a ciência se tornar "pré-fabricada" é explicar como o conhecimento local – pois conhecimento contextualizado sempre está enraizado em um lugar e tempo particulares – tornou-se ciência universal, isto é, como eventualmente o contexto apagou a si mesmo. A história da ciência tenta abrir a caixa preta que os estudos de ciência aceitam da ciência sem olhar o que tem dentro.

A divergência de posições (estranhamento como suspeita sociológica *versus* estranhamento como *Verstehen* histórica) e temas (ciência como dado *versus* ciência como o *explanandum*) levou a uma divergência ainda mais marcante nas práticas. Os *science studies* são ecumênicos, baseando-se em uma ampla gama de ciências sociais e humanas para seu material e métodos empíricos. O desenvolvimento, aperfeiçoamento e teste desses métodos tem sido largamente deixado para as disciplinas de origem destes empréstimos. Os métodos emprestados do que é descrito secamente como coleta de dados e análise são assumidos como confiáveis, não problemáticos e talvez um tanto prosaicos. Os analistas dos *science studies*, no entanto, situam sua própria contribuição no domínio dos "métodos de explicação".[23] Vinte anos atrás, historiadores da ciência também reuniram uma colagem de abordagens, levando um de seus mais ilustres praticantes a se perguntar "se a história da ciência é uma disciplina coerente ou apenas uma coleção de estudiosos agregados pelos acidentes da história e a acreção de um historiografia comum".[24] Mas, desde então, em grande parte por causa do compromisso de inserir a ciência em seu contexto, os historiadores da ciência tornaram-se autoconscientemente disciplinados e a disciplina a que se submeteram é a história.

Nos anos 1980 e 1990, um número crescente de historiadores da ciência receberam formação complementar em história ao nível doutoral, foram

---

[23] Gary Bowden, "Coming of Age in STS: Some Methodological Musings," in *Handbook of Science and Technology Studies*, p. 65.

[24] Charles Rosenberg, "Woods or Trees? Ideas and Actors in the History of Science," *Isis* 79 (Dec. 1988): 570.

iniciados nos ritos de investigação arquivística e posteriormente contratados pelos departamentos de história. Estimulados tanto por contatos colegiais como pela experiência de ensinar cursos de história geral, esses historiadores da ciência iniciaram uma investigação séria sobre o contexto em que a ciência estava inserida e começaram a se preocupar com os anacronismos e a teleologia que marcavam trabalhos mais antigos em seu campo. Como outros historiadores nessas décadas, os historiadores da ciência responderam ao giro cultural, mas com uma torsão; imersos na obra de Pierre Bourdieu e, mais próximos de casa, ao estudar de perto o laboratório, interpretavam a "cultura" menos em termos de símbolos e valores do que como gestos corporais, hábitos mentais, formação sensorial, fabricação de imagens, e manipulação de materiais. Este foco teve a grande vantagem de dissolver a divisão onerosa entre história "interna" e "externa" da ciência; procedimentos altamente técnicos (por exemplo, como fazer medições de precisão em altas temperaturas) podem resultar de competências culturais (por exemplo, fazer cerveja).[25] Mais sutil, mas inexoravelmente, a imersão nas práticas científicas que eventualmente criaram disciplinas científicas levaram – por um tipo de *mimese* – às práticas históricas que transformaram a história da ciência em uma disciplina.

Desta forma, os historiadores da ciência dominaram as práticas e adotaram o *ethos* dos historiadores. O impacto de seu aprendizado disciplinar é mais claramente visto no seu ofício e no peso do trabalho produzido na última década. O aperfeiçoamento das notas de rodapé, por si só, sinalizaria um aumento acentuado dos padrões disciplinares – notas de rodapé sendo para os historiadores o que as juntas são para carpinteiros, ou seja, o lugar que o olho treinado busca primeiro para testar a qualidade da obra.[26] Também houve uma acentuada mudança no gênero e na textura na recente historiografia da ciência, novamente seguindo o exemplo dos historiadores em geral. Passou-se o tempo dos estudos de caso em apoio de uma ou outra grande generalização filosófica ou sociológica sobre a natureza da ciência; em seu lugar, um enxame de micro-histórias surgiu, muitas vezes baseadas em arquivos e narradas com riqueza de detalhes. Nas mãos de uma virtuose como Natalie Zemon Davis ou Carlo Ginzburg, uma micro-história pode ver o universo em um grão de areia, iluminando temas cósmicos à mão a partir de

---

[25] Para esse exemplo particular, ver H. Otto Sibum, "An Old Hand in a New System," in *The Invisible Industrialist: Manufactures and Productions of Scientific Knowledge*, ed. Jean-Paul Gaudillie`re and Ilana Lo¨wy (Houndmills, 1998), pp. 23–57.

[26] A história das práticas científicas e eruditas produziu um estudo sobre as notas de rodapé. Ver Anthony Grafton, *The Footnote: A Curious History* (Cambridge, Mass., 1997).

um único episódio ricamente descrito.²⁷ Infelizmente, *virtuosi* são raros em todos os campos e a micro-história padrão da história da ciência enfatiza fortemente o "micro"; a textura é sofisticada, a metafísica é nominalista, a estética é pontilhista. O apelo dos *science studies* para que se esteja atento a contextos e práticas foi seguido com um toque de vingança pelos historiadores da ciência que aprenderam com os historiadores como fazer isso – com o resultado paradoxal de que os campos da história da ciência e dos *science studies* têm cada vez menos a dizer um ao outro.

Na medida em que tem havido alguma resistência a essas tendências miniaturizantes em trabalhos recentes na história da ciência, esta tem sido fornecida não pelos *science studies*, mas por uma forma ainda mais aprofundada de historicismo, a saber, a história filosófica de Michel Foucault. O próprio Foucault foi treinado pelo historiador francês da ciência Georges Canguilhem, de modo que havia uma espécie de harmonia preestabelecida entre os tópicos que ele originalmente se propôs a historicizar tão radicalmente – a loucura, a história natural, o biopoder – e as preocupações tradicionais dos historiadores da biomedicina. Mas as ondas de choque desencadeadas pelas tentativas planejadas por Foucault de escrever a história do a-histórico – a sexualidade, o eu, a própria verdade – chegaram muito além das ciências humanas e das ciências da vida.²⁸ Tópicos como prova, experiência e objetividade, que os historiadores haviam previamente atribuído às contemplações atemporais dos filósofos, de repente pareciam adequados para uma abordagem histórica. Além disso, o modo foucaultiano de investigação histórica dessas abstrações etéreas era minuciosamente concreto, combinando-se com a nova consciência disciplinar dos historiadores da ciência. Era uma leitura atenta, uma escavação arquivística e uma investigação minuciosa sobre práticas específicas, não argumentos filosóficos ou análises sociológicas, que forneceriam a história invisível de objetos que haviam se tornado inevitáveis, fornecendo a evidência para a história do autoevidente.

Mais uma vez, projetos na história da ciência que haviam sido postos em movimento graças aos *science studies* – por exemplo, a etnografia do experimento ou a construção de fatos científicos – desviaram-se para uma nova direção depois de historicizados, como no caso da história da experiência científica.²⁹ É, por exemplo, lugar comum que apelos à experiência se tornaram

---

27 Sobre as implicações de "pensar a partir de casos" na história, ver *Penser par cas*, ed. Jean- Claude Passeron and Jacques Revel (Paris, 2005).
28 Sobre o impacto de Foucault na história ver *Foucault and the Writing of History*, ed. Jan Goldstein (Cambridge, Mass., 1994).
29 Estudos seminais sobre o assunto incluem Shapin and Schaffer, *Leviathan and the Air-Pump*; Krzysztof Pomian, *Collectionneurs, amateurs et curieux: Paris, Venise,*

uma espécie de alicerce epistemológico no final do século XVII. Mas que tipo de experiência exatamente? Quais foram suas formas, suas origens, suas práticas? Como as máquinas previstas nos tratados sobre mecânica racional se relacionam com as máquinas usadas para erigir obeliscos em Roma ou descarregar navios em Amsterdã; as demonstrações experimentais realizadas nas salas de Isaac Newton no *Trinity College*, em Cambridge, ou diante dos membros reunidos da *Académie Royale des Sciences* em Paris se relacionavam com as "provas" dos artesãos; a atenção entusiasmada de um Robert Boyle ou as observações feitas por um Jan Swammerdam se relacionavam com as observâncias religiosas dos devotos? Isto é epistemologia em ato, e não se parece nada com o que a filosofia da ciência ou os *science studies* entenderiam sob essa rubrica. Simplificando, quanto mais histórica a história da ciência se tornou, menos a ciência estudada se assemelhava à matéria pré-fabricada dos *science studies*.

CONCLUSÃO: ALÉM DO REALISMO E DO RELATIVISMO

A conclusão comedida que extraio dos desenvolvimentos que descrevi tão telegraficamente é que a história da ciência (um pouco para sua própria surpresa) tornou-se, na última década, ou quase isso, uma disciplina, com práticas cultivadas e um *ethos*, enquanto os *science studies* permaneceram interdisciplinares – e, mesmo segundo testemunhos internos, indisciplinados. Este não é um desenvolvimento que os indicadores institucionais usuais necessariamente registrariam. Embora eu não tenha contado, suspeito que os *science studies* no mundo inteiro contam pelo menos tantas, talvez até mais, posições universitárias, revistas especializadas e sociedades acadêmicas quanto a história da ciência. Além disso, os historiadores da ciência se preocupam constantemente com a falta de reconhecimento da parte dos historiadores em geral, apesar da aproximação de métodos e perspectivas que tem ocorrido nos últimos anos – Demétrio perseguindo uma indiferente

---

XVIe–XVIIIe sie`cle (Paris, 1987); Galison, *How Experiments End* (Chicago, 1987); *The Uses of Experiment: Studies in the Natural Sciences*, ed. David Gooding et al. (Cambridge, 1989); Giuseppe Olmi, *L'Inventario delmondo: Catalogazione della natura e luoghi del sapere nella prima età moderna* (Bologna, 1992); Alain Desrosières, *La Politique des grands nombres: Histoire de la raison statistique* (Paris, 1993); Findlen, *Possessing Nature*; Peter Dear, *Discipline and Experience: The Mathematical Way in the Scientific Revolution* (Chicago, 1995); Christian Licoppe, *La Formation de la pratique scientifique: Le Discours de l'expe´rience en France et en Angleterre (1630–1820)* (Paris, 1996); and Harry M. Marks, *The Progress of Experiment: Science and Therapeutic Reform in the United States, 1900–1990* (Cambridge, 1997).

Hermia. Mas é o modo como os graduandos são treinados, os motivos pelos quais os jovens acadêmicos são contratados e efetivados e, acima de tudo, as obras que são lidas e emuladas que revelam valores acadêmicos fundamentais. Todos esses índices apontam para uma história da ciência menos eclética e mais classicamente disciplinada, que toma a história como modelo, ainda que mais permeável a outras influências e inspirações[30] (reflexivamente, pode-se argumentar que essa definição de uma disciplina em termos de suas práticas e *ethos* ao invés de partir das instituições é, ela mesma, fruto da recém disciplinada história da ciência). Em contraste, os *science studies*, apesar dos manuais e encontros anuais, ainda são autodescritos como "marginais" e "adolescentes" – às vezes em exasperação, às vezes em desafio, mas sempre de modo polêmico, com a expectativa plena e normalmente justificada de ser contradito por um colega.[31]

Mas um observador externo – um filósofo talvez, ou um cientista de inclinações filosóficas – poderia contestar, alegando que história da ciência e *science studies* ainda estão unidos numa campanha relativista contra a ciência. Para tais críticos, dificilmente importa se o relativismo em questão é o construcionismo social dos *science studies* ou o historicismo da história da ciência. Relativismo é relativismo, insistirão, e corrói tudo o que toca. Alguns investigadores dos *science studies* parecem ter chegado, também, a esta conclusão. Latour escreve com sentimento sobre como a crítica macula tudo o que amamos; Confiaríamos nós, de boa vontade, "nossos objetos de valor à sua [dos críticos] sórdida loja de penhores"?[32] Malcolm Ashmore acha "embaraçoso" quando os *science studies* ficam do lado das grandes corporações de tabaco em um processo ajuizado por uma pessoa que está morrendo devido ao fumo, argumentando que o que agora conta como prova científica

---

[30] Como historiadora da ciência, não estou convencida de que essa mudança seja um bem não adulterado. Até recentemente, as trajetórias individuais na história da ciência eram geralmente mais sinuosas que diretas, e o campo era um refúgio para pessoas de todos os cantos do mapa acadêmico que queriam combinar o técnico com o hermenêutico, os particulares da história com os universais da filosofia, e descrição extensas com análises perspicazes. Essa mistura deu à história da ciência certo perfume que imediatamente intrigou e confundiu as disciplinas vizinhas da história, da filosofia e da sociologia, bem como as ciências. Parte do que foi produzido era audacioso e brilhante; muito era ilegível, mesmo na época. A atual história da ciência é quase sempre legível, envolvente e até mesmo instrutiva, mas curiosamente inerte – finamente forjada, mas monótona. O preço da disciplinaridade foi uma convergência para a média; menos buracos, mas também menos meteoros.
[31] Comparar, por exemplo, os artigos de Bowden, "Coming of Age in STS," e Richards, "(Un)Boxing the Monster," *Social Studies of Science* 26 (May 1996): 64–79, 323–56.
[32] Latour, "Why Has Critique Run out of Steam?" p. 241.

persuasiva sobre os perigos do tabagismo não contava antes.[33] Um número recente do *Cornell University Department of Science and Technology Studies Newsletter* traz um forte ataque contra o *design* inteligente que contesta "a visão, mantida por alguns membros na comunidade científica, que os *science studies* minam a ciência".[34]

Essas dúvidas gerais e acerca de si mesmo estão, na minha opinião, mais precisamente direcionadas aos *science studies* do que à história da ciência pela razão paradoxal de que os primeiros permaneceram mais próximos das ciências. Não só os métodos dos *science studies* costumam ser deliberadamente cientificistas (enredados em "princípios" e numa fé em dados empíricos que, por vezes, parodia o positivismo)[35], mas seus pressupostos filosóficos são maniqueístas, como os de muitos cientistas. Por esta razão, se a ciência real pode mostrar-se em desacordo com as descrições estabelecidas nos livros didáticos ou nos tratados de empiristas lógicos, a única alternativa é a fabricação injustificada de ideologia. Se os fatos não são descobertos, então eles são, *ipso facto*, inventados. Afirmar que a ciência é construída socialmente é impugnar tanto a validade quanto a honestidade da mesma. Eu exagero, é claro, mas apenas ligeiramente. Quando os *science studies* tentavam decifrar as caixas pretas da ciência e da tecnologia, a palavra *transparência* implicava muitas vezes "desmascarar".

Em contraste, historicizar categorias como fato, objetividade ou prova não a debilita, não mais do que a prejudicaria escrever a história da teoria da relatividade especial. Este é um ponto talvez mais fácil na ética do que na epistemologia; o fato de que a proibição judicial da tortura surgiu num contexto histórico específico não tem peso nos argumentos relativos à sua validade moral. Analogamente, o fato de que a objetividade científica surgiu em um contexto histórico específico não sustenta nem derruba sua validade epistemológica. "Se histórico, então relativo" é um *non sequitur*. Por que, então, tantos filósofos (assim como cientistas, sociólogos e, sim, historiadores) acreditam que as coisas se passam assim? Por que o historicismo, especialmente na sua forma foucaultiana, foi tão consistentemente confundido com o relativismo?

---

[33] Ver Malcolm Ashmore, "Ending up on the Wrong Side: Must the Two Forms of Radicalism Always Be at War?" *Social Studies of Science* 26 (May 1996): 305-22.
[34] Kevin Lambert, "Opinion Piece: Intelligent Design", *Cornell University Department of Science and Technology Studies Newsletter* (Spring 2006): 15.
[35] Ver, por exemplo, a defesa de Collins do "critério científico" em "In Praise of Futile Gestures: How Scientific Is the Sociology of Scientific Knowledge?" *Social Studies of Science* 26 (May 1996): 229-44.

Para fazer justiça a essas perguntas é preciso outro ensaio, quiçá outro livro. Aqui eu não posso fazer mais do que sugerir linhas de investigação. Certas categorias epistemológicas tornaram-se tão fundamentais para as formas modernas de saber que receberam o dúbio elogio filosófico de serem tornadas eternas – muito parecido com o costume dos romanos de deificar seus imperadores porque eternidade e imutabilidade, de acordo com um antigo preconceito platônico, designavam *onto on*, o realmente real. Embora muitos, se não a maioria, dos filósofos tenham rompido com o platonismo, as práticas características de sua própria disciplina instilam a visão de que o genuinamente filosófico é o que resiste aos estragos do tempo – aquelas passagens de Aristóteles, Aquino, Descartes ou Kant que podem ser entendidas por uma aluna de graduação suficientemente inteligente sem maiores contextualizações históricas.[36]

Os historiadores da ciência, por sua vez, raramente refletem sobre tais assuntos. Provavelmente a maioria dos historiadores da ciência nos dias de hoje, se questionada sobre um episódio como o refinamento de técnicas de medição de precisão ou a formulação de correlações estatísticas, responderia que tais práticas científicas são igualmente socialmente construídas *e* reais. Ou seja, esses episódios dependem crucialmente dos recursos culturais existentes num dado contexto (meados do século XIX, Prússia em processo de industrialização, Grã-Bretanha do começo do século XX obcecada com eugenia) *e* capturam algum aspecto do mundo; eles funcionam. Mas eles não são nem historicamente inevitáveis nem metafisicamente verdadeiros. Em vez disso, eles são contingentes, relativos a um certo tempo e lugar, mas válidos para certos propósitos.

No momento, uma nova visão do que a ciência é e como ela funciona ainda está para ser sintetizada, a partir dos materiais ricos, mas dispersos e fragmentários, coletados por cerca de vinte anos da historicizada história da ciência. As próprias práticas oriundas da história da ciência, que tornaram possível essa história, militam contra tal síntese. Os *science studies* parecem um candidato ainda menos provável para a tarefa. Uma nova forma de interdisciplinaridade deve ser forjada. E aí Filosofia, interessada?

---

[36] Para um debate feroz iniciado a partir de uma aproximação mais genuína da história da filosofia ver *Teaching New Histories of Philosophy*, ed. J. B. Schneewind (Princeton, N.J., 2004).

OBJETIVIDADE E IMPARCIALIDADE: *VIRTUDES EPISTÊMICAS NAS HUMANIDADES**

Introdução: Objetividade *versus* Justiça

Por mais de um século, as relações entre as humanidades e as ciências foram definidas em grande parte por oposição: *Geistes-* versus *Naturwissenschaften*, ideográficas versus nomotéticas, interpretativas versus explanatórias, orientadas para o passado versus orientadas para o futuro. Essas oposições foram marteladas nos *Festreden* de Dilthey, Windelband, Helmholtz e outros luminares das precursoras universidades alemãs e refletiram o prestígio emergente e o poder das ciências naturais no último quarto do século XIX. Desde então, a história e a filosofia da ciência na maior parte das tradições europeias tem sido dominadas por investigações sobre as ciências naturais: uma história comparada das humanidades está apenas começando a ser escrita, e por enquanto ainda não existe epistemologia das humanidades. Ainda assim, as histórias das humanidades e das ciências tem se entrecruzado desde pelo menos o século XVI, em múltiplos níveis: métodos, instituições, ideias e também virtudes epistêmicas. A objetividade é uma dessas virtudes epistêmicas compartilhadas. Ela emergiu tanto nas humanidades quanto nas ciências no século XIX. Mas, ao menos em algumas das humanidades, ela foi precedida por uma virtude epistêmica mais antiga: a imparcialidade.

Devo começar com Nietzsche, que inscreveu o ponto de que tratamos nesse texto em uma sentença lapidar: "Objetividade e justiça não tem nada a ver uma com a outra"[1]. Imparcialidade é um valor antigo, jurídico; objetividade

---

* Tradução de Francine Iegelski. Publicado originalmente como: "Objectivity and Impartiality: Epistemic Virtues in the Humanities". In: R. Bod; J. Maat; T. Weststeijn (eds.), *The making of the humanities. Vol. 3: The modern humanities*. Amsterdam: Amsterdam University Press, 2014, pp. 27-41.

[1] Friedrich Nietzsche, 'Vom Nutzen und Nachteil der Historie für das Leben' [1874], in ___, *Unzeitgemäße Betrachtungen*, ed. Peter Pütz (Berlin: Goldmann Verlag, 1992), 75-148, § 112.

é um valor científico bastante moderno. Nietzsche admirava a severidade do homem justo, que deve elevar a si mesmo acima daqueles que seriam julgados, mas ele zombava das pretensões do historiador objetivo, "que se não é *em nada concernido* por tal momento do passado (...), é a isso que chama de 'objetividade!'"[2]! Eu chamo Nietzsche como minha principal testemunha porque ele foi ao mesmo tempo o produto mais bem-acabado e o crítico mais ácido das novas instituições de ensino acadêmico que forjaram novas virtudes epistêmicas, como a objetividade, nas humanidades.[3]

Em nosso próprio tempo, as palavras "imparcial" e "objetivo" são usadas quase como sinônimos, especialmente pelos historiadores. Meu objetivo aqui é mostrar que essas virtudes tão caras para os historiadores têm histórias próprias e nem sempre harmoniosas. Durante o século XIX, quando a história se tornou uma ciência "objetiva" autoconsciente, especialmente na Europa germanófona, as tensões entre imparcialidade e objetividade se tornaram agudas, como Nietzsche percebeu. A fim de tornar mais claras as diferenças entre os objetivos da imparcialidade e da objetividade na história, devo começar por um esboço de como a imparcialidade foi pregada e praticada por historiadores dos séculos XVIII e XIX, especialmente no contexto cada vez mais volátil das histórias nacionais. Em seguida, me volto para a objetividade, argumentando que ela residiu primariamente em certas técnicas aplicadas ao objeto da história, bem como em certas atitudes em relação a ele. Tanto as técnicas quanto as atitudes vieram claramente à tona na longa controvérsia travada entre filólogos clássicos e historiadores da Antiguidade acerca dos discursos em Tucídides: ele traiu seus próprios princípios metodológicos ao reconstruí-los tão livremente? Concluindo, eu coloco a questão nietzschiana sobre como a religião ascética da objetividade dominou os historiadores no século XIX.

Imparcialidade

Para o público letrado do século XVIII, a principal utilidade da história consistia em suas narrativas verdadeiras das vidas e eventos apresentados como guias ao mesmo tempo morais e práticos para os leitores. Nesse modelo retórico, humanista, a história educava tanto o julgamento quanto o caráter pelo exemplo. As mais ambiciosas formas de história filosófica também

---

[2] *Ibidem*, § 114.
[3] Para a definição de "virtudes epistêmicas" e um balanço do desenvolvimento da objetividade nas ciências naturais, ver Lorraine Daston and Peter Galison, *Objectivity* (Nova Iorque: Zone Books, 2007).

buscavam generalizações universais, especialmente nos reinos da política e da natureza humana. A imparcialidade desse ramo da história era frequentemente apresentada em sentido literal: não tomar o partido de nenhuma das partes cujas palavras e ações eram recolhidas na história. A máxima de Tácito era frequentemente citada: *Sine ira et studio* (sem ódio e sem paixão). De modo algum a imparcialidade implicava em neutralidade de valor por parte do historiador. Pelo contrário, o objetivo da imparcialidade histórica era alcançar conclusões sólidas sobre assuntos morais que entraram em cena nas guerras e conflitos políticos do passado, tal como o objetivo da imparcialidade jurídica era alcançar um veredicto em assuntos legais em casos civis e criminais.[4] Adam Smith chegou ao ponto de fazer da imparcialidade a base de toda moralidade: "Nós nos esforçamos para examinar nossa própria conduta da maneira como imaginamos que qualquer outro espectador justo e imparcial a examinaria".[5] É nos escritos sobre história e moral do século XVIII que a metáfora da imparcialidade como flexibilidade perspectiva se consolida: a ética da imparcialidade de Adam Smith exige que mudemos nossa posição.[6]

Não havia nada de necessariamente relativista nessas metáforas perspectivísticas da imparcialidade. Assim, por exemplo, *The Decline and Fall of the Roman Empire* (1776-1788), de Edward Gibbon, apresentou um retrato minucioso e bem equilibrado dos costumes e caráter dos bárbaros germânicos, e muito da vivacidade de sua descrição vem do fato de que ele tenta ver o mundo da perspectiva dos Godos e dos Vândalos, indo muito além das observações fornecidas por Tácito:

> A alma lânguida, oprimida pelo seu próprio peso, ansiosamente reclamava uma nova e poderosa sensação; e a guerra e o perigo eram as únicas diversões adequadas ao seu temperamento feroz. O som que despertava o germano para as armas era agradável para seu ouvido. Ele o despertou de uma letargia desconfortável, deu a ele uma busca ativa e, através do pesado exercício do corpo e das violentas emoções da alma, o restaurava para um sentido mais vívido da sua existência.

Mas a habilidade empática de Gibbon para imaginar os estados da alma de um guerreiro germânico de modo algum implicava em simpatia ou limitava o julgamento esclarecido do historiador sobre o estado da civilização germânica – ou antes, a sua falta de civilização:

---

4   Sobre os paralelos entre a imparcialidade jurídica e a histórica na lei inglesa do começo da modernidade, ver Barbara Shapiro, 'The Concept of Fact: Legal Origins and Cultural Diffusion', *Albion 26* (1994), 227-252, especialmente p. 235.
5   Adam Smith, *The Theory of Moral Sentiments* [1759], ed. D.D. Raphael e A.L. Macfie (Oxford: Oxford University Press, 1976), 110.
6   *Ibid*, 135.

> Os germanos, na era de Tácito, não estavam familiarizados com o uso das letras; e o uso das letras é a principal circunstância que distingue um povo civilizado de uma horda de selvagens, incapazes de conhecimento ou de reflexão. (...) Eles passaram sua vida num estado de ignorância e pobreza que alguns poetas acharam por bem dignificar dando-lhe o nome de simplicidade virtuosa.[7]

Escolhi de maneira consciente uma passagem sobre os germanos. As mais acirradas disputas do século XIX sobre imparcialidade histórica envolveram historiadores franceses e alemães que, tão frequente quanto os encontros entre os povos germânicos e os romanos nos tempos antigos e medievais, acusavam um ao outro de lutar as batalhas de hoje com munição da história de ontem. Entre os mais ferozes desses confrontos esteve aquele entre dois eminentes historiadores da Antiguidade, Numa Denis Fustel de Coulanges e Theodor Mommsen, acerca da nacionalidade dos habitantes da Alsácia-Lorena no despertar da Guerra Franco-Prussiana. Mommsen, em duas cartas enviadas a um jornal milanês em julho-agosto de 1870[8], argumentou, apoiando-se na língua e na raça, que os alsácios eram de nacionalidade germânica. Em outubro de 1870 Fustel de Coulanges respondeu indignado:

> Mas eu me espanto que um historiador como o senhor se preste a ignorar o fato de que não é nem a raça nem a língua que faz a nacionalidade (...). A pátria é aquilo que se ama. Pode ser que a Alsácia seja alemã pela raça e pela língua; mas pela nacionalidade e pelo sentimento da pátria ela é francesa.

Fustel de Coulanges acusou Mommsen e o exército prussiano de impor a nacionalidade pela conquista.[9] Essa era uma colisão frontal acerca de um assunto que inflamava paixões nacionalistas nos dois lados do Reno, mas aspectos dessa polêmica deslizaram em direção a trabalhos históricos mais rarefeitos sobre tópicos aparentemente muito distantes da Guerra Franco-Prussiana. Em uma nota de 1877 em que discutia se uma lei germânica do

---

[7] Edward Gibbon, *The Decline and Fall of the Roman Empire* [1776-1788], introdução de Hugh Trevor-Roper, 3 vols. (Londres: Everyman, 1993), vol. 1, 246, 242-243.

[8] O exército prussiano foi mobilizado em 15 de julho de 1870; por volta de 6 de agosto de 1870, a Alsácia foi dominada pelas forças alemãs. Theodor Mommsen publicou duas cartas endereçadas ao povo italiano no jornal milanês *La Perseveranza*, "*La Guerra*" (10 de agosto de 1870) e "*La Pace*" (20 de agosto de 1870); a situação da Alsácia-Lorena é discutida na segunda carta. Ver Lothat Wickert, *Theodor Mommsen. Eine Biographie*, 3 vols. (Frankfurt am Main: Vittorio Klostermann, 1959-1980), vol. 4, 170-179.

[9] "*L'Alsace est-elle allemande ou française?*" *Réponse à M. Mommsen (professeur à Berlin), Paris, 27 de outubro de 1870*, reimpressa em François Hartog, *Le XIXe siècle et l'histoire. Le cas Fustel de Coulanges* (Paris: Presses Universitaires de France, 1988), 376-382.

século V permitia a divisão da terra entre romanos e bárbaros, a análise filológica de Fustel de Coulanges era meticulosa, e sua conclusão (de que os burgúndios de modo algum cederam seu território para os invasores germânicos) estava cientificamente caucionada. Mas uma observação repleta de relevância para a Europa em 1872, mais do que em 472, se esgueirou no parágrafo final: "Era um sistema bem cômodo dizer que os germanos vieram como vencedores, que eles confiscaram o solo dos vencidos e que eles o haviam dividido ao acaso. Não podemos mais nos contentar com essas generalidades vagas e falsas".[10] E, em 1872, numa resenha de um livro sobre as origens do Império Germânico[11], após reprovar os historiadores alemães por seu patriotismo e os historiadores franceses por sua germanofilia mimetizadora, Fustel de Coulanges notou com satisfação que o livro resenhado mostrou que "a Germânia, enquanto nação civilizada, é obra de Roma e da Gália (...) o progresso intelectual, social, moral não foi operado na raça germânica por um desenvolvimento interno, e nunca foi o produto de um trabalho nativo".[12] Fustel de Coulanges estava consciente, claro, de que tais sentimentos estavam em desacordo com a louvada imparcialidade da história, e ansiava por "essa sedução da imparcialidade perfeita que é a castidade da história". Mas logo em seguida ele deixou claro que a história imparcial, a "história casta", era, aos seus olhos, "essa verdadeira Ciência francesa de antigamente, essa erudição tão calma, tão simples, tão elevada de nossos beneditinos, de nossa *Académie des Inscriptions*". Em todo caso, independente das opiniões sobre a imparcialidade dos historiadores beneditinos, esses tempos puros e tranquilos haviam ficado para trás em definitivo. Em uma época belicosa como a sua, mesmo a ciência e o aprendizado devem erguer espada e escudo. Além disso, não conseguiu deixar de acrescentar, o erro dos historiadores alemães começou a partir do momento em que escreveram sob o signo da *Vaterland*. Para eles, a ciência da história (e Fustel de Coulanges era tão intransigente quanto seus colegas alemães na sua insistência de que a história era uma ciência) não era um fim em si, mas um meio para a promoção de interesses nacionais.

Fustel de Coulanges não errou o alvo por muito quando indiciou historiadores alemães como Wilhelm von Giesebrecht pelo patriotismo

---

10 N.D. Fustel de Coulanges, "Les lois germaniques indiquent-elles un partage des terres entres Barbares et Romains? [1877]" in *Nouvelles recherches sur quelques problèmes d'histoire*, ed. Camille Jullian (Paris: Librairie Hachette, 1891), 279-305.
11 Jules Zeller, *Origines de l'Allemagne et de l'Empire germanique* (Paris: Didier, 1872).
12 N.D. Fustel de Coulanges, "De la manière d'écrire l'histoire en France et en Allemagne depuis cinquante ans", *Revue des Deux Mondes* (1º setembro 1872), reimpresso em Hartog, *Le XIXe siècle*, 382-392.

estridente de seus trabalhos[13]. Quando o estado-nação se tornou o protagonista das narrativas históricas, a representação do passado a serviço de interesses nacionalistas presentes se tornou uma tentação constante. Essa tentação não era irresistível: Leopold von Ranke, por exemplo, concebeu seu *Geschichten der romanischen und germanischen Völker* (1824) a partir de "seis grandes nações": francesa, espanhola, italiana, germânica, inglesa e escandinava. Mas ele insistiu sobre sua unidade essencial (apesar do fato de que elas estavam constantemente em guerra entre si durante o período em questão, de 1494 a 1514), e deixou cada nação se revezar como protagonista na sua narrativa já que, conforme sua famosa frase, "por vezes as Mãos de Deus estavam sobre elas"[14]. No entanto, a geração seguinte de historiadores alemães, embora tenham unanimemente adotado os novos métodos aos quais os nomes de Niebuhr e Ranke foram intimamente associados, incluía figuras como Heinrich von Sybel e Georg Gervinus, que explicitamente rejeitaram a doutrina da imparcialidade de Ranke. Na defesa pública de sua dissertação de doutorado na Universidade de Berlim, em 1838, Sybel transformou "*Cum ira et studio*" em seu lema e, mais tarde, criticou a neutralidade calculada de seu professor Ranke como fria, incolor e talvez até mesmo covarde[15]. Gervinus, na sua história da literatura alemã, também exortou a ciência da história a tomar as rédeas da vida com as duas mãos, e viu no engajamento político – uma posição que Ranke criticava como não-científica – a razão da grandiosidade de Maquiavel como historiador; para Gervinus, a tão louvada imparcialidade de Ranke era simplesmente um sinal de impotência política[16]. Friedrich Nietzsche e Heinrich von Treitschke também tinham duras críticas contra o que eles viam como o autoimposto eunuquismo da escola rankeana no que diz respeito à imparcialidade. Ainda assim, com a notável exceção de Nietzsche, a quem eu devo retornar, todos eles, mesmo o atiçador político Treitschke, acreditavam que a objetividade histórica era essencial, uma das gloriosas conquistas da historiografia do século XIX. Essa é uma posição que desconcertou e exasperou

---

[13] *Ibid.*, 387; Wilhelm von Giesebrecht, *Geschichte der deutschen Kaiserzeit*, 6 vols., (1860-95).

[14] Leopold von Ranke, *Geschichten der romanischen und germanischen Völker von 1494 bis 1514* [1824], 2ª ed. (Leipzig: Duncker und Humboldt, 1874), xv-xxx.

[15] Heinrich von Sybel, *Über den Stand der neueren deutschen Geschichtsschreibung* [1856], citado por Wolfgang J. Mommsen, "Objektivität und Parteilichkeit im historiographischen Werk Sybels und Treitschkes", in Reinhart Koselleck, Wofgang J. Mommsen, and Jörn Rüsen (eds.), *Objektivität und Parteilichkeit in der Geschichtswissenschaft* (Munique: Deutscher Taschenbuch Verlag, 1977), 134-158.

[16] Jörn Rüsen, "Der Historiker als 'Parteimann des Schicksals': Georg Gottfried Gervinus und das Konzept der objektiven Parteilichkeit im deutschen Historismus", in Koselleck et al. (eds.), *Objektivität und Parteilichkeit*, 77-124.

seus sucessores[17]. Na seção seguinte, eu tentarei explicar como foi possível que esses historiadores abraçassem a objetividade enquanto abandonavam a imparcialidade.

Objetividade

Seria altamente enganoso dizer que os historiadores do século XIX concordavam sobre os significados de imparcialidade ou de objetividade, muito menos sobre as relações entre as duas. Se elas admitiam muita dilatação e sombreamento é justamente porque essas duas palavras, bem como os ideais e as práticas que elas representavam, eram tão centrais para o *ethos* dos historiadores, e, portanto, tão inevitáveis em polêmicas. É impossível fazer justiça ao espectro de posições aqui. Em vez disso, quero me concentrar nos sentidos centrais de objetividade que foram amplamente aceitos entre os historiadores do século XIX, por mais que eles tenham divergido nos elementos mais penumbrosos. No centro desse sentido central estavam as práticas do novo estilo de historiador científico. Embora nem todos – talvez até nenhum – esses métodos fossem inteiramente novos para Ranke e seus alunos (Fustel de Coulanges acreditava que eles haviam sido inventados pelos beneditinos e por Mabillon muito antes), eles foram, no entanto, percebidos pela maioria dos historiadores do século XIX como os responsáveis por finalmente estabelecer sua disciplina em uma firme fundação científica. Nas bordas, por assim dizer, do sentido central de objetividade estava o vago, porém forte sentimento de restrição científica, que julgava precisamente até que ponto a evidência em mãos poderia ser empurrada ou impedida de ser empurrada mais além.

A posição de Gustav Droysen, como apresentada em seu influente *Grundriss der Historik* (1867), é particularmente instrutiva nesse contexto, pois ele defendeu a objetividade histórica ao mesmo tempo em que rejeitava, por um lado, o positivismo histórico *à la* Henry Herbert Buckle (que buscou leis determinísticas da história baseado em dados estatísticos) e, por outro, o romance histórico *à la* Macaulay e Michelet. Droysen descartou o culto dos "fatos puros" como superstição, a busca de leis na história como erro de julgamento e a fé de que a história pode acessar verdades não-mediadas sobre o passado como criminosamente ingênua. Foi a maior conquista da "*historische Kritik*" ["*crítica histórica*"], desde Niebuhr, ter mostrado que os historiadores podem apenas vislumbrar o passado através de um vidro escurecido, através

---

[17] Wolfgang J. Mommsen, por exemplo, conclui que Sybel foi um pensador superficial e que Treitschke era uma alma dividida: W.J. Mommsen, "Objektivität und Parteilichkeit", 138, 146-147.

de fontes fragmentadas, cada uma delas tendo sido carimbada com sua própria perspectiva parcial e partidária. Decodificar essas perspectivas era a essência da *Quellenkritik* [*crítica das fontes*], como Droysen explicou: primeiro, determinar de quê tratavam as fontes; segundo, averiguar com quais "colorações" gerais ela foi impregnada pelas concepções reinantes do tempo e lugar; e terceiro, discernir a "coloração" mais individual acrescentada pelo indivíduo que escreveu a fonte. *Quellenkritik* foi a prática sistemática de identificação, contextualização e crítica. Nada a respeito de uma fonte era autoevidente; ela deve ser lida cautelosamente, a partir de todos os ângulos, de trás para frente. Qualquer um que esperasse que os fatos históricos falassem por si mesmos, ou enxergasse as fontes como janelas transparentes com vistas para o passado era *ipso facto* taxado de amador – e ainda por cima perigosamente subjetivo, já que o sentido só poderia então ser projetado nas fontes opacas. Mesmo com a ajuda da *Quellenkritik* os riscos do subjetivismo eram grandes, e Droysen recomendou outras regras para resgatar a interpretação histórica dos voos da imaginação.[18]

A fonte da objetividade histórica repousa nas *técnicas* da crítica histórica. Assim como a objetividade mecânica nas ciências naturais fetichizou rígidos procedimentos e protocolos, a objetividade na história exigia um respeito disciplinado pelos métodos. A verdade "objetiva" do passado era para sempre inalcançável, mas os métodos do historiador – e acima de tudo a consciência do historiador sobre as limitações desses métodos – não obstante qualificavam a história científica como objetiva. Contrastando com a arte, que deveria apresentar seu objeto como um todo suave e harmonioso, as ciências empíricas, inclusive a história, "não possuem mais rígida obrigação que a de determinar as lacunas que são condicionadas pelos objetos do seu empirismo, controlar os erros que emergem de sua técnica, examinar o escopo dos seus métodos".

O historiador objetivo não deve ceder à tentação de generalizar prematuramente ou de edificar ou de entreter às custas dos fatos duramente conquistados que foram escavados dos arquivos e purificados pela *Quellenkritik*. Claro, não havia objeção *per se* ao estilo refinado, mas Droysen franzia a testa diante da prosa apaixonada de Michelet, que derramava sua própria subjetividade no passado. Mas essa "apreensão subjetiva" deveria ser constrangida pelas "medições objetivas e controles"[19]. Ranke, cujo lendário seminário foi o berço de todas essas "medições objetivas e controles" entre os

---

[18] Johann Gustav Droysen, *Grundriss der Historik* [1867, ed. final 1882], ed. Erich Rothacker (Halle/Saale: Max Niemeyer Verlag, 1925), 5, 18-19.
[19] *Ibid.*, 81, 84.

historiadores, renunciou a qualquer pretensão de escrita de uma história vívida, edificante: esse é o contexto de sua famosa declaração segundo a qual tudo o que ele queria fazer era "mostrar aquilo que realmente aconteceu" – mesmo que por meio de uma narrativa que era "muitas vezes dura, quebrada, cansativa".[20]

Se a objetividade histórica repousa sobre os métodos da crítica histórica, é mais fácil compreender como historiadores politicamente engajados como Sybel e Treitschke puderam simultaneamente rejeitar a imparcialidade e afirmar a objetividade. Ambos afirmaram categoricamente sua fidelidade a esses métodos: se eles não eram o todo da história, eles eram suas fundações sólidas, científicas. Sybel incitava os historiadores a serem tanto políticos e artísticos quanto científicos, mas enquanto o historiador enquanto escritor pode dar livre reinado à imaginação, o historiador enquanto investigador crítico tinha "a obrigação de suprimir qualquer influência dos seus humores subjetivos". Por mais que ele pudesse zombar dos eunucos da imparcialidade por conta da sua recusa em pôr a história a serviço da vida, Treitschke nunca duvidou que os exigentes padrões de pesquisa em fontes originais mereciam ser chamadas de objetivas e eram as bases para toda história digna desse nome.[21] O compromisso de Ranke de entender o passado em seus próprios termos exigia um altruísmo literal, uma tentativa de "apagar de alguma forma o meu eu".[22] Os historiadores objetivos que aprenderam seu ofício nos seminários de Ranke se esforçaram para superar, e não para condescender, sua própria subjetividade. O custo dessa severidade foi a perda de grande parte do público leitor alemão, que, segundo Droysen reclamou inúmeras vezes, "quer ler, não estudar".[23]

Tucídides no banco dos réus

Para os historiadores, o santo patrono da sua disciplina sempre foi Tucídides. É, portanto, particularmente instrutivo observar como o próprio Tucídides foi julgado no tribunal da objetividade pelos classicistas e historiadores do final do século XIX e começo do XX. Duas questões, ambas girando em torno das celebradas *Methodensatz* ["*declarações metodológicas*"]

---

20 Ranke, *Geschichten*, vii-viii.
21 W.J. Mommsen, 'Objektivität und Parteilichkeit', 140, 156.
22 Leopold Ranke, 'Vorwort', *Englische Geschichte, vornehmlich im 16. und 17. Jahrhundert* [1859-1868], citado em Rudolf Vierhaus, "Rankes Begriff der historischen Objektivität", in Koselleck et al. (eds.), *Objektivität und Parteilichkeit*, 63-76.
23 Droysen, *Grundriss*, 79.

no Livro I, capítulo 22 da *História da Guerra do Peloponeso*, introduziram a discussão sobre a objetividade histórica no trabalho acadêmico sobre Tucídides: primeiro, em que medida o próprio Tucídides estava conscientemente aspirando ao padrão de história objetiva; segundo, ele se manteve fiel a esse padrão, especialmente ao relatar discursos? A quantidade de tinta erudita derramada a propósito da correta interpretação do *Methodensatz* em línguas europeias modernas desde *circa* 1850 deixa qualquer um relutante em citar qualquer uma das traduções. Já que, no entanto, uma ideia geral do que Tucídides disse é uma precondição para compreender de que se tratava toda a agitação acadêmica, eu hesitantemente ofereço como ponto de referência a tradução de I,22 feita por Charles Foster Smith para a coleção *Loeb Classical Library**:

> As to the speeches that were made by different men, either when they were about to begin the war or when they were already engaged therein, it has been difficult to recall with strict accuracy the words actually spoken, both for me as regards that which I myself heard, and for those who from various other sources have brought me reports. Therefore, the speeches are given in the language in which, as it seemed to me, the several speakers

---

* N. da T.: como a tradução para o inglês de I, 22 da *História da Guerra de Peloponeso* é parte da argumentação de Lorraine Daston, decidimos manter a versão de Charles Foster Smith no corpo do texto e apresentar no rodapé a tradução para o português feita por Mário da Gama Kury: "Quanto aos discursos pronunciados por diversas personalidades quando estavam prestes a desencadear a guerra ou quando já estavam engajados nela, foi difícil recordar com precisão rigorosa os que eu mesmo ouvi ou os que me foram transmitidos por várias fontes. Tais discursos, portanto, são reproduzidos com as palavras que, no meu entendimento, os diferentes oradores deveriam ter usado, considerando os respectivos assuntos e os sentimentos mais pertinentes à ocasião em que foram pronunciados, embora ao mesmo tempo eu tenha aderido tão estritamente quanto possível ao sentido geral do que havia sido dito. Quanto aos fatos da guerra, considerei meu dever relatá-los, não como apurados através de algum informante casual nem como me parecia provável, mas somente após investigar cada detalhe com o maior rigor possível, seja no caso de eventos dos quais eu mesmo participei, seja naqueles a respeito dos quais obtive informações de terceiros. O empenho em apurar os fatos se constituiu numa tarefa laboriosa, pois as testemunhas oculares de vários eventos nem sempre faziam os mesmos relatos a respeito das mesmas coisas, mas variavam de acordo com suas simpatias por um lado ou pelo outro, ou de acordo com sua memória. Pode acontecer que a ausência do fabuloso em minha narrativa pareça menos agradável ao ouvido, mas quem quer que deseje ter uma ideia clara tanto dos eventos ocorridos quanto daqueles que algum dia voltarão a ocorrer em circunstâncias idênticas ou semelhantes em consequência de seu conteúdo humano, julgará a minha história útil e isto me bastará. Na verdade, ela foi feita para ser um patrimônio sempre útil, e não uma composição a ser ouvida apenas no momento da competição por algum prêmio." In: TUCÍDIDES. *História da Guerra do Peloponeso*. Trad. de Mário da Gama Kury. 4ª Edição. Brasília: Editora Universidade de Brasília, Instituto de Pesquisa de Relações Internacionais; São Paulo: Imprensa Oficial do Estado de São Paulo, 2001, pp. 14-15. – (Clássicos IPRI, 2).

would express, on the subjects under consideration, the sentiments most befitting the occasion, though at the same time I have adhered as closely as possible to the general sense of what was actually said. But as to the facts of the occurrences of the war, I have thought it my duty to give them, not as ascertained from any chance informant nor as seemed to me probable, but only after investigating with the greatest possible accuracy [akribeia] each detail, in the case both of the events in which I myself participated and of those regarding which I got my information from others. And the endeavor to ascertain these facts was a laborious task, because those who were eyewitnesses of the several events did not give the same reports about the same things, but reports varying according to their championship of one side or the other, or according to their recollection.[24]

Deve-se manter em mente o fato de que as terminologias de objetividade e de subjetividade que vieram a ser regularmente aplicadas a essa passagem foram elas mesmas uma espécie de novidade em meados do século XIX, embora tenham se tornado rapidamente e amplamente enraizadas desde então. No trabalho pioneiro de Franz Wolfgang Ullrich, *Beiträge zur Erklärung des Thukydides* (1846), que apresentou a hipótese de que Tucídides tinha composto sua história em duas partes (o corte seria em V,25), as palavras "objetivo" e "objetividade" dificilmente aparecem. Ullrich consistentemente traduziu a *"akribeia"* de Tucídides como *"genaue Sorgfalt"* ["cuidado minucioso"].[25] No entanto, em seus trabalhos posteriores sobre como Tucídides compôs sua obra, e particularmente naqueles que trataram da questão da autenticidade dos discursos que ele relatou, as análises de I,22 foram temperadas com o vocabulário da objetividade e da subjetividade.[26] O "mostrar aquilo que de fato aconteceu" de Ranke provavelmente foi um eco deliberado do I,22 de Tucídides.[27] Impressiona o quanto a importação a granel

---

[24] Thucydides, *History of the Peloponnesian War*, 4 vols., trans. Charles Forster Smith (Cambridge, MA: Harvard University Press, [1919] 1991), Loeb Classical Library, I.22, 38-41.

[25] Franz Wolfgang Ullrich, *Beiträge zur Erklärung des Thukydides* (Hamburgo: Perthes-Besser & Mauke, 1846), 128-130.

[26] Ou antes, *Objektivität* e *Subjektivität*, já que boa parte dos trabalhos seminais sobre o assunto foi escrita em alemão. Para uma visão geral sobre o assunto, ver O. Luschnat, "Thukydides", *Paulys Realencyclopädie der classischen Altertumswissenschaft*, neue Bearbeitung, Supl. 12 (Stuttgart: Druckenmüller, 1970), cols. 1085-1354; William C. West III, "A Bibliography on the Speeches in Thucydides, 1873-1970" in Philip A. Stadter (ed.), *The Speeches in Thucydides* (Chapel Hill: University of North Carolina Press, 1973), 124-126. Sobre as questões da composição e da autenticidade dos discursos, entre os trabalhos fundamentais estão: E. Meyer, *Thukydides und die Entstehung der wissenschaftlichen Geschichtsschreibung* (Viena: Fromme, 1913), E. Schwartz, *Das Geschichtswerk des Thukydides* (Bonn: Cohen, 1919), e W. Schadewaldt, *Die Geschichtsschreibung des Thukydides: Ein Versuch* (Berlim: Wiedemann, 1929).

[27] Konrad Repgen, "Über Rankes Diktum von 1824: 'Bloss sagen, wie es eigentlich

e, na maioria das vezes, irrefletida desses termos modernos na análise do que Tucídides pode ter pretendido dizer em I,22 a propósito das relações entre os feitos e os discursos diverge do contexto das meticulosas análises filológicas de cada palavra e de cada construção nessa passagem. Cada obscuridade semântica, cada rugosidade sintática é explorada pelos acadêmicos com os poderosos instrumentos da filologia clássica, com uma sensibilidade para anacronismos e interpolações editoriais dignas do conto "A princesa e a ervilha". Mas o enquadramento da objetividade e da subjetividade, que mal tinha cem anos em 1900, foi assumido quase sem um murmúrio.

Nesses trabalhos sobre o método histórico de Tucídides do final do século XIX e começo do XX, a primeira pergunta – Em que medida Tucídides aspirava aos padrões de objetividade histórica? – era geralmente respondida com uma afirmativa, ou simplesmente pressuposta. Assim, Max Pohlenz, escrevendo em 1919, afirma que Tucídides é o responsável pelo "estabelecimento inicial de uma orientação objetiva" nos *Methodensatz*, num bem-vindo contraste com as notórias liberdades de Heródoto no relato dos feitos e dos discursos.[28] August Grosskinsky, em sua tese de 1934, concorda pelo menos com esse aspecto da interpretação de Pohlenz: Tucídides se opôs à "arbitrariedade subjetiva de Heródoto" e, ao menos em seu relato dos feitos (*erga*) da Guerra de Peloponeso, fez um esforço em direção à "completa eliminação de qualquer subjetividade".[29] Mesmo classicistas que desconfiavam que Tucídides talvez pudesse não ter aderido ao credo moderno da objetividade se sentiram presos na armadilha do seu vocabulário. Harald Patzer, em sua tese de 1936 sobre o que veio a ser conhecido como "a questão tucidideana", reclamou que "os termos modernos 'livre' e 'subjetivo'" eram responsáveis por muitas interpretações equivocadas sobre o tratamento dos discursos por Tucídides, mas foi incapaz de se livrar do peso acumulado dos comentários formulados em termos de oposição entre a objetividade ou a subjetividade dos discursos.[30]

De fato, uma das principais razões para a segunda questão – em que medida Tucídides se manteve fiel aos padrões da objetividade histórica, especialmente no seu relato dos discursos? – ter sido elevada à "questão

---

gewesen'", *Historisches Jahrbuch* 102 (1982), 439-449.

[28] M. Pohlenz, "*Thukydidesstudien*", *Nachrichten von der Gesellschaft der Wissenschaften zu Göttingen, Philologische-historische Klasse* (Berlim: Weidmannsche Verlag, 1919), 56-82, 95-138; citado em August Grosskinsky, *Das Programm des Thukydides*, Neue Deutsche Forschungen, Abteilung Philologie, vol. 3 (Berlim: Junker u. Dünnhaupt, 1936), 26-27.

[29] Grosskinsky, *Programm*, 35, 45.

[30] Harald Patzer, *Das Problem der Geschichtsschreibung des Thukydides und die Thukydideische Frage*, Neue Deutsche Forschung. Abteilung Klassische Philologie. v. 6 Berlim: Junker und Dünnhaupt, 1937), 36-37.

tucidideana" foi a transformação da distinção subjetivo/objetivo em questão inelutável para os historiadores na virada do século XX. Pode ter havido algum murmúrio já nos tempos antigos sobre Tucídides ter posto palavras nas bocas dos oradores[31], mas seu valor e sua integridade como historiador raramente foram questionados. Nem seus métodos foram objeto de intenso escrutínio por acadêmicos de tempos passados: aparentemente I,22 se tornou *Methodensatz* apenas no final do século XIX. A preocupação com a autenticidade dos discursos e a objetividade dos seus métodos – mesmo a atribuição de uma metodologia a Tucídides – espelhava as preocupações dos próprios historiadores e filólogos do final do século XIX e começo do XX. Para meus propósitos, a resposta à pergunta se Tucídides inventou ou não os discursos e, caso sim, como e com qual propósito, é irrelevante: meu interesse é pela repentina urgência da questão e seu emaranhamento com o relativamente novo valor histórico da objetividade, particularmente a objetividade dos métodos. Para colocar a questão de modo muito simples, provavelmente simples demais: os esforços dos classicistas para reconciliar a edificante reputação de Tucídides como historiador (e eu ainda não encontrei um único comentador que acredite que sua reputação não era merecida) com o que eles vieram a enxergar como práticas "subjetivas" mostra em que medida a objetividade, em oposição à imparcialidade, dominou o *ethos* dos historiadores.[32]

Uma nova religião

As dificuldades encontradas por esses e outros filólogos clássicos para responder tais *questions mal posées* – Tucídides tentou ser objetivo? Ele conseguiu? – emergem da incompatibilidade entre valores epistêmicos que

---

[31] Dionísio de Halicarnasso, *On Thucydides*, ed. e trad. W. Kendrick Pritchett (Berkeley: University of California Press, 1975), capts. 34-49, 26-49. No entanto, Dionísio está demasiadamente preocupado com o estilo retórico e a dicção nos discursos, e não com sua precisão enquanto registro literal daquilo que realmente foi dito. Ele critica Tucídides não por colocar palavras na boca dos oradores, mas por colocar as palavras erradas, por exemplo, no texto dos emissários atenienses do diálogo meliano: "Palavras como essas eram apropriadas para monarcas orientais se dirigindo a gregos, mas inadequadas para serem ditas por atenienses aos gregos que eles libertaram dos povos medos, ou seja, aquela justiça é a conduta normal entre iguais, mas a violência é [a lei] do forte contra o fraco" (capt. 39, 31; capt. 41, 33).

[32] Mais recentemente, alguns especialistas em Tucídides expressaram dúvida quanto à aplicadade da "objetividade" como categoria: ver especialmente Werner Becker and Kurt Hübner (eds.), *Objektivität in den Natur- und Geisteswissenschaften* (Hamburgo: Hoffmann u. Campe, 1976), 41-51.

tem diferentes significados e ditam diferentes práticas. A imparcialidade pode não exigir citações exatas; a verdade pode dispensar a *Quellenkritik*. O mistério da objetividade é como ela conseguiu, num tempo relativamente curto, se tornar tão proeminente entre os valores do historiador a ponto de engolir todos os outros. Aqui, mais uma vez, Nietzsche oferece uma pista.

O que Nietzsche mais detestava na objetividade histórica era seu ar de pio autoengano. Suas acusações de "superstição" e "mitologia" ecoam as acusações dos reformistas protestantes contra o papismo, que foram voltadas contra a religião em geral pelos filósofos do Esclarecimento. Nietzsche farejou no culto da objetividade histórica uma falsa fé:

> Como, não haveria mais mitologias reinantes? Como, as religiões estariam à morte? Vede simplesmente a religião da potência histórica, prestai atenção nos padres da mitologia das Ideias e em seus joelhos esfolados! Não estão até mesmo todas as virtudes no séquito dessa nova crença? Ou não é abnegação quando o homem histórico se deixa reduzir a um espelho objetivo?[33]

Permanece a questão sobre como a nova religião da objetividade histórica, se era uma religião, ganhou tantos convertidos, e em tão curto espaço de tempo, já que ela prometia o oposto da imortalidade. É um verdadeiro problema nietzschiano, já que a religião em questão carregava consigo um distinto odor de ascetismo, de uma cerrada autorrestrição para subordinar a eloquência ao método e o método à análise do erro. Os acólitos dessa nova e decididamente desconfortável religião da objetividade histórica eram quase todos formados no novo estilo de seminário de pesquisa iniciado pelas universidades alemãs reformadas e imitado por todo o mundo erudito no final do século XIX. De fato, foi o seminário de pesquisa que disciplinou as disciplinas. Foi o principal motor por trás da multiplicação dos jornais e das sociedades especializados. Nos seminários os estudantes aprendiam que *Wissenschaftlichkeit* significava método, e que por sua vez método significava o domínio de técnicas esotéricas por meio de longa e árdua aplicação. Se a técnica em questão era a paleografia aprendida no seminário de filologia em Berlim ou a análise do erro aprendida no seminário de física de Königsberg, o conhecimento do ofício transmitido pelo contato próximo dos professores com os alunos em nada se assemelhava à aprendizagem com um mestre. O brilhante substantivo *Wissenschaft* abrangeu associações de firmador de caráter a fazedor de cultura, mas o sóbrio adjetivo *Wissenschaftlich* se referia

---

[33] Nietzsche, "Vom Nutzen", p. 127. [*N. da T.:* citamos a partir de NIETZSCHE, F. Da *utilidade e desvantagem da história para a vida*. Trad. de Rubens Rodrigues Torres Filho. 2ª ed. São Paulo, 1978, p. 68. - (Os Pensadores).]

quase invariavelmente às técnicas abstrusas e meticulosas – aqueles muito metódicos "métodos de pesquisa" – que certificavam um trabalho, fosse um experimento ou uma edição, como objetivo.

Diligência, atenção ao detalhe minucioso, devoção à técnica, um *ethos* de responsabilidade e exatidão e os hábitos da discussão coletiva uniam os físicos treinados nos seminários aos filólogos treinados nos seminários. Todos tinham experimentado a transição gradual da repetição do conhecido (verificar fontes arquivísticas, produzir uma reação química) para o desconhecido; todos teriam experimentado "um mútuo dar e receber entre professores e alunos" e teriam sentido, nas palavras do filólogo Hermann Diels, "os invisíveis fios de confiança entre os participantes de tal Tíaso".[34] "Tíaso" tem muitos significados em grego antigo, de uma festa báquica a uma tropa de guerreiros, e sem dúvida Diels, como virtuoso helenista que era, brincou com todas essas tonalidades de sentido em sua evocação do seminário. O centro que mantém unido todos os sentidos de "Tíaso" é o de pertencimento a um grupo de iniciados, especialmente uma confraria religiosa, e era nesse sentido de pertencimento que se deveria buscar o extraordinário poder do credo na objetividade histórica. O novo credo da objetividade histórica foi embebido e concretizado em seminários como o de Ranke, quando ele assumiu uma cadeira na Universidade de Berlim, que aconteceu por décadas em seu próprio estúdio privado no apartamento de Giesebrecht, todos os dias, exceto pela véspera de Natal, "quando os ouvintes ritualmente se rebelavam e ficavam em casa com suas famílias, para o grande desalento de Ranke".[35]

Conclusão: Intensamente desinteressado

Um dos mais curiosos aspectos da história da curiosidade científica é a transmutação da subjetividade desenfreada na mais pura objetividade. Ou, para dizer em outros termos, como o intenso interesse pelos objetos da investigação científica se transformou em desinteresse por tudo o mais. Desinteresse por aquilo que é mais próximo e querido é apenas a forma extrema de um foco preciso de interesse que exclui o restante do universo e concentra todo o intelecto, toda a emoção e energia em um único ponto, como um poderoso e ultrafino raio laser. Essa indiferença por 99,9% do restante do

---

[34] Diels, "Organisation", 653-654.
[35] Kaspar Eskildssen, "Leopold Ranke, la passion de la critique et le séminaire d'histoire", in Christian Jacob (ed.), *Lieux de savoir: Espaces et communautés* (Paris: Albin Michel, 2007), 462-482.

universo, humano e natural, é frequente identificado ao desinteresse ou mesmo à objetividade.

Distração, alheamento e desinteresse são o contrário de um interesse com foco e intensidade de raio laser. É desinteresse apenas porque é excêntrico: o sábio, o acadêmico e o cientista escolhem negligenciar aquilo que interessa à vasta maioria das outras pessoas em favor de suas próprias cativantes preocupações. Sua tranquilidade e incorruptibilidade diante das recompensas mundanas da fama e da fortuna, do conforto doméstico de estar bem situado no tempo e no lugar e mesmo diante do egoísmo de um eu individuado não decorrem das tentações conhecidas às quais se resiste firmemente – eles não lutam como Santo Antônio no deserto contra os demônios familiares do desejo humano porque seus desejos foram direcionados para outros canais e sua atenção dirigida para outros objetos. Todas as economias da atenção são profundamente moralizadas. Tratar de uma coisa é *ipso facto* negligenciar outra. Mais ainda, a atenção não apenas assinala valor; ela cria valor em seus objetos favoritos, que conduz seus aficionados, amadores e devotos – as etimologias de todas essas palavras são altamente sugestivas – cada vez mais fundo rumo à obsessão.

A obsessão é o menos sociável dos estados. Apenas nos últimos cem anos, mais ou menos, a busca científica monomaníaca foi imaginada no contexto, e não às expensas, da comunidade. A pesquisa coletiva é um traço familiar das ciências de campo de laboratório, mas a "Big Science" teve como pioneiros os acadêmicos das humanidades, especialmente em filologia clássica e história. Foram os físicos e químicos que autoconscientemente imitaram o modelo de seminário para o ensino de estudantes avançados em filologia em Göttingen e Berlim no começo do século XIX. Foram os membros da *Physikalish-Mathematische Klasse* da Academia Prussiana de Ciências que, no final do século XIX, invejaram seus colegas da *Philosophisch-Historische Klasse* que faziam parte de grandes projetos coletivos, como o *Corpus Inscriptionum Latinarum*, de Theodor Mommsen.[36]

---

[36] R. Steven Turner, "The Prussian Universities and the Concept of Research", *Internationales Archiv für Sozialgeschichte der deutschen Literatur* 5 (1980), 68-93; David Cahan, "The Institutional Revolution in German Physics, 1865-1914", *Historical Studies in the Physical Sciences* 15 (1985), 1-66; Kathryn M. Olesko, *Physics as a Calling: Discipline and Practice in the Königsberg Seminar for Physics* (Ithaca: Cornell University Press, 1991); William Clark, *Academic Charisma and the Origins of the Research University* (Chicago: University of Chicago Press, 2006); Conrad Grau, *Die Preußische Akademie der Wissenschaften zu Berlin* (Berlim: Spektrum Verlag, 1993), 195; Rüdiger vom Bruch, 'Mommsen und Harnack. Die Geburt von Big Science aus den Geisteswissenschaften', in Alexander Dema., Andreas Goltz eHeinrich Schlange-Schöningen (eds.), *Theodor Mommsen. Wissenschaft und Politik im 19. Jahrhundert* (Berlim: Walter de Gruyter, 2005), 121-141.

Apesar de suas associações não-sociais (se não antissociais), a objetividade nas ciências humanas e naturais foi instilada e cultivada nas pequenas e íntimas comunidades do seminário, do grupo de pesquisa e da conferência. A supressão do eu pelo eu que constitui a objetividade científica caiu particularmente bem com a retórica do autossacrifício em nome da comunidade – mas também com aquela virtuosidade ascética que comanda a admiração e a deferência. Como no caso dos primeiros santos cristãos, o ascetismo da objetividade exigiu uma audiência, como Nietzsche reconheceu demasiadamente bem.

Impresso por